MAINE
VERMONT
NEW HAMPSHIRE
MASSACHUSETTS
RHODE ISLAND
CONNECTICUT
NEW YORK
NEW JERSEY
PENNSYLVANIA
MINNESOTA
WISCONSIN
MICHIGAN
IOWA
ILLINOIS
INDIANA
OHIO
MARYLAND
DELAWARE
WEST VIRGINIA
VIRGINIA
MISSOURI
KENTUCKY
NORTH CAROLINA
OKLAHOMA
TENNESSEE
SOUTH CAROLINA
ARKANSAS
ALABAMA
GEORGIA
MISSISSIPPI
LOUISIANA
FLORIDA

GRAND CANYON

Das Beste ist, zur Talsohle des Canyon hinunterzureiten,
sie nicht nur anzuschauen, sondern in enger Berührung mit ihr
einen Tag lang dort zu leben... Die Maulesel gehen
gleichmäßig; an jeder Wende laufen sie blind auf den Abgrund
zu, in der letzten Sekunde besinnen sie sich und treten
wieder auf die Mitte des Pfades – nach einer
Stunde hat man sich daran gewöhnt...
Es geht sehr langsam abwärts, viel langsamer als zu Fuß. Nach
und nach ändert sich die Landschaft. Sie wird wirklicher...
Von oben gesehen war es nur eine bunte Oberfläche: jetzt hat es
Dichte und Duft... Die Schönheit der Gegend ist auf
den ersten Blick zu augenscheinlich für alle – ihre tieferen
Geheimnisse muß man sich gewiß mit Mühe erkämpfen.

Simone de Beauvoir, Amerika – Tag und Nacht, 1947

Eine der atemberaubendsten Flußschleifen des Colorado: die Horseshoe Bend in der Glen Canyon National Recreation Area.

Blick auf die Tafelberge und Felsplateaus des Grand Canyon vom Point Imperial, North Rim (Nordrand).

Cape Royal gilt als der schönste Aussichtspunkt am North Rim des Grand Canyon.

EDITION USA

GRAND CANYON

Fotos Christian Heeb
Text Helmut Friedrich

BUCHER

INHALT

PLANEN · REISEN · GENIESSEN

Großer Reiseführer von *Helmut Friedrich* mit praktischen Tips für einen erlebnisreichen Urlaub und vielen Informationen über die touristischen Highlights am Grand Canyon. Mit sechs Farbkarten.

Links: Wanderer auf dem North Kaibab Trail.
Mitte: Rast bei einer Rafting-Tour auf dem Colorado.
Rechts: Blick vom Yavapai Point am South Rim.

Eine Ruderbootfahrt durch den Grand Canyon ist ein nasses und aufregendes Vergnügen, Kentern nicht ausgeschlossen.

Tief verschneite Winterlandschaft am South Rim (Südrand), der ganzjährig für Besucher geöffnet ist.

PANORAMA DER ERDGESCHICHTE: GRAND CANYON

Festlich geschmückte Indianerin auf der Inter-Tribal Indian Ceremony in Gallup, New Mexico, bei der sich verschiedene Indianerstämme aus der Umgebung des Grand Canyon treffen.

Andere Schluchten der Erde mögen vielleicht noch tiefer oder enger sein – so grandios aber wie der Grand Canyon, so ehrfurchtgebietend, so faszinierend und so berühmt ist keine zweite.

Wer zum ersten Mal an den Rand dieses gewaltigen Einschnitts in die Erdkruste tritt, tut das in gewisser Weise «gefaßt», denn er hat schon zahlreiche Fotos und Filme von dem Naturwunder im Norden Arizonas gesehen oder Berichte anderer gehört. Und dennoch wird er überwältigt sein und staunen, wie groß, wie dramatisch diese Schlucht in Wirklichkeit ist. Was aber mag in den ersten Menschen, den Indianern, vorgegangen sein, die hierher kamen, was in den ersten Weißen, die den Grand Canyon völlig unvorbereitet erreichten?

Nichts davon ist überliefert. Die Indianer kannten die Schrift nicht, die ersten Weißen hielten das Aufschreiben ihrer Beobachtungen nicht der Mühe wert. Glaubhaft aber, daß die Indianer – Menschen, für die auch heute noch die Natur in besonderem Maße heilig ist – den Grand Canyon verehrten. Die Legenden, die sie von seiner Entstehung erzählen, weisen ebenso darauf hin wie der indianische Name für die große Schlucht: *Kaibab* – auf den Kopf gestelltes Gebirge (siehe Seite 36/37).

ENTDECKUNG UND ERFORSCHUNG DER GROSSEN SCHLUCHT

Den ersten Europäern, die den Canyon sahen, war wenig heilig, die Natur schon gar nicht: Es waren Goldsucher, und ihre Empfindungen am Rand des Grand Canyon waren sicherlich weniger von Ergriffenheit geprägt als von Erschrecken, Ratlosigkeit, Enttäuschung, vielleicht auch von Wut. Die Mitglieder der Coronado-Expedition, ein Trupp von 336 Spaniern und rund tausend Indianern, die im Jahr 1540 unter der Führung von Francisco Vásquez de Coronado nach Norden durch die «Große Amerikanische Wüste» zogen, hatten nur ein Ziel vor Augen – die legendären «Sieben Goldenen Städte von Cibola». Beim Vorrücken in dem wasserarmen Land erzählten ihnen einheimische Indianer von einem großen Fluß noch weiter nördlich. Sollten dort die sagenumwobenen Schätze von Cibola liegen? Coronado schickte einen Suchtrupp von 25 Spaniern los, angeführt von Hauptmann García López de Cárdenas. Nach zwanzig Tagesreisen erreichte die Expedition den Grand Canyon, wahrscheinlich zwischen den heutigen Aussichtspunkten Moran Point und Desert View. Drei Tage verbrachten die Männer am Rand der Schlucht, ohne einen Weg hinunter zu finden. Schließlich mußten sie umkehren, weil ihnen das Wasser und die Vorräte ausgingen – die Suche nach den Goldstädten war gescheitert.

Nach diesem mißlungenen Versuch, am Grand Canyon zu Gold und Reichtum zu kommen, geriet die große Schlucht wieder in Vergessenheit. Erst 1776 kam erneut

Der Trail zum Havasu Canyon, einer Seitenschlucht des Grand Canyon, führt durch enge Felsschluchten und ausgetrocknete Bachbetten, über Geröllpisten und Flußkiesel. Doch der beschwerliche Anmarsch lohnt sich – am Ende des 13 Kilometer langen Weges wartet Supai, ein kleines Indianerdorf am idyllischen Havasu Creek.

Wenn auch nicht so tief wie sein großer Bruder, so hat sich der Little Colorado River doch eine beeindruckende Schlucht geschaffen. Vor dem Eintreffen der weißen Siedler wurde dieses Gebiet von den Navajo als Jagdrevier genutzt.

ein Europäer hierher, Pater Francisco Tomás Garcés von der spanischen Mission San Xavier del Bac bei Tucson. Er versuchte, die am Colorado lebenden Havasupai-Indianer zum Christentum zu bekehren. Diese nahmen ihn zwar überraschend freundlich auf und veranstalteten sogar ein mehrtägiges Festessen für ihn, vom christlichen Glauben waren sie allerdings nicht zu überzeugen. So war auch dieser Besuch erfolglos, doch blieb davon immerhin der Name Colorado: Der Pater war der erste, der vom «Río Colorado» berichtete, dem «roten Fluß».

1858 fuhr dann unter der Leitung von Lieutenant Joseph C. Ives die «Explorer», ein 15 Meter langer Heckschaufeldampfer *(stern-wheeler)*, von der Colorado-Mündung im Golf von Kalifornien flußaufwärts. Man wollte herausfinden, wie weit der Colorado schiffbar sei. Doch bereits kurz nachdem das Schiff nahe dem heutigen Hoover Dam in den inzwischen vom Lake Mead überfluteten Black Canyon eingefahren war, wurde die Reise abrupt beendet: Die «Explorer» war auf einen versteckten Felsen aufgelaufen. Der heftige Aufprall warf einige Männer über Bord, die wie durch ein Wunder unverletzt blieben. Das Boot war jedoch so schwer beschädigt, daß an eine Fortsetzung der Fahrt nicht mehr zu denken war.

So versuchten Ives und seine Leute, auf Maultieren weiter in den Grand Canyon vorzudringen. Bald aber stießen sie auf unüberwindliche Hindernisse und mußten umkehren. Was Joseph C. Ives in seinem Bericht über diese erfolglose Expedition niederschrieb, verdient zitiert zu werden: «Wir waren die erste Gruppe von Weißen und werden zweifellos auch die letzte sein, die diese allen Nutzens bare Gegend besuchte. Es scheint in der Absicht der Natur zu liegen, daß der Colorado zusammen mit dem größten Teil dieser einsamen und majestätischen Landschaft auf ewig unbesucht und ungestört bleibt.» Seit diesem gleichermaßen poetischen wie pessimistischen Ausspruch haben über hundert Millionen Menschen den Grand Canyon besucht ...

Erst 1869 erforschten der damals 35 Jahre alte Major John Wesley Powell (siehe Seite 57) und seine anfänglich neun Begleiter auf ihrer legendären, entbehrungs- und verlustreichen Befahrung des Colorado das Innere der großen Schlucht. Mit vier einfachen Ruderbooten *(dories)* startete die Expedition am 24. Mai 1869 in Green River Station in Wyoming, einem mit der Eisenbahn erreichbaren Ort am Green River. Nur noch zwei Boote und sechs halbverhungerte Männer kamen am 29. August, also nach über drei Monaten, an ihrem Ziel an. Rund 800 Flußkilometer lagen hinter ihnen. Ein Teilnehmer hatte bereits nach sechs Wochen, noch auf dem Green River, aufgegeben. Drei weitere, die sich nicht länger den Strapazen und Gefahren dieser Reise aussetzen mochten, trennten sich am 28. August, einen Tag bevor die beiden übrig-

Eine grandiose, ungezähmte Urlandschaft: die tosenden Fluten der Grand Falls of the Little Colorado River. Besonders spektakulär sind diese Wasserfälle im Frühjahr nach der Schneeschmelze.

gebliebenen Boote in der Nähe der Grand Wash Cliffs in ruhiges Wasser einliefen, von der Expedition. Von ihnen fehlt jede Spur, vermutlich wurden sie von Indianern getötet, die sie für die Schuldigen eines von anderen Weißen verübten Verbrechens hielten.

Die Abenteuer, die er und seine Leute durchstanden, die Strapazen, die Hitze, der Hunger, das abscheuliche Essen, die Angst vor der nächsten Stromschnelle, sind detailliert in dem spannenden Tagebuch von Major Powell nachzulesen, das im Jahr 1875 erstmals unter dem Titel «Exploration of the Colorado River of the West and its Tributaries» veröffentlicht wurde.

Reiter auf dem South Kaibab Trail. Am Grand Canyon werden meist halb- und ganztägige Maultierritte angeboten, es gibt aber auch zweitägige Touren mit einer Übernachtung in der «Phantom Ranch».

COLORADO RIVER – EIN STROM IN DER WÜSTE

Grand Canyon und Colorado River sind untrennbar miteinander verbunden. Zeit also, mehr über diesen vielleicht interessantesten Fluß der Welt zu erfahren. Mit seinen größeren Nebenflüssen (Green River, San Juan, Dolores, Little Colorado, Gunnison und Virgin River) sowie rund hundert weiteren mittleren und kleinen Flüssen (etwa Paria, Escalante und Dirty Devil River), von denen manche nur periodisch Wasser führen, bildet der Colorado die Aorta, die Hauptschlagader, eines der größten Flußsysteme Nordamerikas. Es entwässert ein Gebiet von rund 632 000 Quadratkilometern (ein Zwölftel der Vereinigten Staaten, fast das doppelte Deutschland), das sieben US-Bundesstaaten ganz oder teilweise einschließt: Arizona, California, Colorado, New Mexico, Nevada, Utah und Wyoming.

Von seiner 3148 Meter hoch gelegenen Quelle in den Rocky Mountains legt der Colorado einen 2335 Kilometer langen Weg bis zum Golf von Kalifornien zurück, davon rund 1600 Kilometer durch 19 mehr oder weniger tiefe Canyons, wie den Cataract Canyon, den Westwater Canyon, den Glen Canyon (heute der Lake Powell), den Marble Canyon und eben den Grand Canyon, bis er in den Lake Mead eintritt. Auf diesem Weg wandelt er sich vom kristallklaren Gebirgsfluß zu einem – nach dem Bau der Staudämme nur noch streckenweise – mit rotbraunem Schlamm beladenen, reißenden und tobenden Strom und schließlich, vor seiner Mündung in den Golf, in ein trübes, salziges Rinnsal. Der Fluß führt in guten Zeiten, nach der Schneeschmelze oder nach ausgiebigem Sommerregen, bis zu 8 500 000 Liter Wasser in der Sekunde. Vor dem Bau des Glen Canyon Dam schoß der Colorado mit einer Geschwindigkeit von bis zu 20 Stundenkilometer schnell dahin. Zahlen wie diese verschaffen ihm einen Platz unter den größten Flüssen der Welt.

Auf einer Länge von 446 Kilometern windet sich der Colorado River durch den Grand Canyon. Die schmalste Stelle der im Durchschnitt 1600 Meter tiefen Schlucht mißt 6,5 Kilometer, die breiteste Stelle 29 Kilometer.

Unbestrittener Weltmeister war der Colorado River – bis zum Bau des Glen Canyon Dam – im Materialtransport. Am 23. September 1927 beförderte er beispielsweise innerhalb von 24 Stunden 27 Millionen Tonnen Schlamm, eine Menge, für die auf dem Landweg 2,7 Millionen Lastwagen mit je 10 Tonnen Nutzlast nötig gewesen wären. Nicht eingerechnet ist dabei die Menge des Gerölls, das der unbändige Strom an diesem Tag in seinem Bett vorwärts schob. Diese ist nicht meßbar, aber geschätzt war es wohl noch einmal soviel.

Auf den ersten Blick wird verblüffen, daß die gesamte Umgebung des Colorado und seiner Nebenflüsse Wüste ist (oder war), eine Wüste, die früher «Great American Desert» genannt wurde. Ein riesiges, weitverzweigtes Flußsystem in einer Wüste! Das wirkt paradox. Aber wenn man bedenkt, daß man eine Steinwüste vor sich hat, in die sich die Flüsse während der über Jahrmillionen andauernden Anhebung des Colorado-Plateaus und seiner Randgebiete tief eingeschnitten haben und somit, anders als etwa der Nil, nicht in der Lage waren, die Uferbereiche zu bewässern, und man sich vergegenwärtigt, daß der Colorado und seine Nebenflüsse ihr Wasser den schneereichen Rocky Mountains und gelegentlichen Sommergewittern verdanken, ist dieser scheinbare Widerspruch erklärt.

Die Rocky Mountains sind der weitaus wichtigste Wasserspender des Colorado River. Damit wird auch seine unstete Wasserführung verständlich – spärlich im Winter, anschwellend zur Zeit der Schneeschmelze im Frühjahr und wieder geruhsamer im Herbst.

ZÄHMUNG EINES FLUSSES

Der Wasserreichtum des Colorado und sein Gefälle zum einen, die karge Felswüste, durch die er fließt, zum anderen, mußten nahezu zwangsläufig zu Überlegungen anregen, wie aus dieser Wasserkraft Nutzen für die Menschen gezogen werden könnte.

Begonnen wurde mit der Nutzung des Colorado bereits um die Jahrhundertwende. Damals stellten Landvermesser fest, daß das Imperial Valley in Südkalifornien 72 Meter unter dem Meeresspiegel liegt. Wasser des Colorado River mittels eines Kanals in diese Senke zu leiten, war nicht besonders aufwendig. 1901 begann man den Kanal auszuheben, und schon zwei Jahre später waren die Voraussetzungen für die landwirtschaftliche Nutzung des Tales gegeben.

Kurz darauf aber, 1905, zerstörte ein Hochwasser die Einlaufschleusen des Kanals, der Fluß ergoß sich in das Kanalbett und überschwemmte das Imperial Valley. Er bildete einen ständig anwachsenden See, der auch die neuen Gleise der Southern Pacific Railroad überflutete, sehr zum verständlichen Verdruß der Eisenbahner. In einer Eilaktion von nur 15 Tagen Dauer dichteten sie mit Hunderten von Güterzugladungen von Steinen den Durchbruch des Colorado ab und zwangen so den Fluß wieder in sein altes Bett. Zurück blieb der 56 Kilometer lange Salton Sea zwischen dem Imperial und dem Coachella Valley, ein See, salziger als der Pazifik, in einer öden, staubigen, unfruchtbaren Umgebung.

Dieser im nachhinein etwas unbeholfen wirkenden Aktion folgte ab 1922 die professionelle «Zähmung» des Flusses. Damals schlossen die bereits genannten sieben

Fortsetzung Seite 26

Der Mather Point am South Rim: Hier trennt nur eine niedrige Absperrung den Besucher von dem gähnenden Abgrund. Die erste Reaktion schwankt zwischen Faszination und Schaudern, Begeisterungsausbrüchen und Sprachlosigkeit angesichts der unbeschreiblichen Dimensionen der Schlucht.

Nur zu Fuß oder auf dem Pferderücken kommt man in das abgeschiedene Dorf Supai im Havasu Canyon. Alles, was die Havasupai-Indianer dort nicht selbst erzeugen, muß mit Packtieren transportiert werden – selbst der Briefträger kommt hoch zu Roß.

Blick vom Powell Point auf den Grand Canyon, den John Muir «die großartigste von Gottes irdischen Stätten» nannte.

Vom Toroweap Overlook am North Rim kann man den Colorado River, der sich hier in 900 Meter Tiefe windet, kilometerweit überblicken.

JAGD DURCH DIE STROMSCHNELLEN

River Rafting im Grand Canyon

Eine ganz neue Perspektive der großen Schlucht eröffnen die abenteuerlichen, fünf- bis sechstägigen Bootstouren, die meist bei Lee's Ferry beginnen.

«Ihr seid ja verrückt!» sagen ein paar Freunde, als wir von unserem Vorhaben erzählen, die Stromschnellen des Colorado River mit einem Floß zu meistern. «Das sind keine Flöße, das sind Gummiboote! Ihr werdet absaufen!» Wir schlagen die Warnung in den Wind, schauen aber doch ein wenig betreten, als wir zum schlammigen Fluß hinuntergehen und die Rafts liegen sehen. Sie bestehen aus vier torpedoförmigen, 6 Meter langen Luftschläuchen, zwischen denen einige Kisten und wasserdichte Gummisäcke mit unserer Habe verstaut sind. «Vollkommen ungefährlich», meint Ron, unser Bootsführer, als er unsere sorgenvollen Mienen sieht. Er erklärt, daß die Schläuche in mehrere Luftkammern unterteilt sind, und das Floß auch dann schwimmfähig sei, wenn ein Loch in die Gummihaut gerissen wird.

Einige Stunden später hat sich die Angst verflüchtigt. Der Colorado River ist ruhig und spiegelglatt, und wir treiben beinahe gemütlich zwischen den Felsen dahin. Immer wieder schweifen unsere staunenden Blicke an den gewaltigen Canyonwänden entlang, ergötzen sich an den schillernden Farben, in die die Sonne den roten Sandstein taucht. Früh am Morgen schimmern sie in einem hellen Rosa, mittags tritt der Sandstein hart und kantig hervor, und abends präsentieren sich die Felswände zuerst in einem blutigen Rot und dann in

Alle Teilnehmer tragen Schwimmwesten, das Gepäck ist sicher verstaut.

einem türkisfarbenen Blaugrün. Dunkle Schatten greifen über den Fluß, bis der Mond aufgeht und sich silbern im Wasser spiegelt. Um diese Zeit sitzen wir längst am Lagerfeuer. Wir wärmen uns an den Flammen und lassen uns die Steaks schmecken. Ein Arzt aus St. Louis schlägt ein paar Takte auf seiner Gitarre, und wir versuchen uns am Text eines alten Cowboyliedes. Unser Gesang wird von den Canyonwänden hundertfach zurückgeworfen.

Wichtigster Mann bei einer Rafting-Tour ist der Bootsführer: Er kennt den Fluß wie seine Westentasche und die besten Lagerplätze.

Auch am nächsten Morgen zeigt der Colorado River ein ruhiges Gesicht, und bei einigen von uns macht sich wiederum Unruhe breit. Hat im Prospekt nicht etwas von wilden Stromschnellen gestanden, von haarsträubenden Abenteuern? Ron errät unsere Gedanken. «Heute geht's wilder zu», meint er, «wartet nur ab!» Er steht zwischen einigen Kisten am Ruder und schmunzelt

Über 150, teilweise sehr gefährliche Stromschnellen gibt es im Grand Canyon.

so hintergründig in sich hinein, daß uns doch etwas mulmig zumute wird. Wir haben schon Bilder von den Stromschnellen des Colorado River gesehen und sind plötzlich gar nicht mehr so begierig darauf, die wilde Seite des Flusses kennenzulernen.

Ein dumpfes Rauschen reißt uns aus den Gedanken. Die Strömung wird schneller, und vor uns taucht schäumendes, lehmbraunes Wasser auf. Die Wände des Canyons leuchten in der Sonne. Wir werden blaß, starren wie gebannt auf die tosenden Wassermassen. Sogar Bill, der bisher immer laut gesungen hat, ist ruhig geworden. Wir klammern uns an die Seile, die über das Floß gespannt sind, und warten darauf, daß uns der Fluß in seine Arme nimmt. Erwartungsvolle Stille macht sich breit.

Ein dumpfer Schlag erschüttert das Floß, macht uns klar, daß es von nun an kein Entkommen mehr gibt. Der Fluß fängt an zu toben, schäumendes Wasser schlägt über uns zusammen und durchnäßt uns bis auf die Haut. Wir stehen, hocken, liegen auf dem Floß und stemmen uns mit aller Kraft gegen den Fluß, der das Gefährt wie einen Spielball herumwirft. Wir drehen uns, schrammen haarscharf an einem Felsen vorbei. Immer wieder schwappt Wasser über die Luftschläuche. Brodelnde Gischt schäumt um unsere Beine, läßt das Floß sekundenlang unter der Wasseroberfläche verschwinden. Wir schreien jetzt, aus Angst und auch vor Freude, aber niemand hört den anderen, weil der Fluß alles mit seinem Donnern und Dröhnen erstickt. Nur Ron bleibt ruhig und scheint zu denken: «Na, hab' ich euch zuviel versprochen? Jetzt habt ihr euer Abenteuer!»

Das Floß steigt vorn hoch, steht fast senkrecht in der Luft, um dann hart auf das Wasser zurückzuschlagen. Bill verliert den Halt und stolpert ein paar Schritte, bis er von mir festgehalten und ans Halteseil gezerrt wird. Wir tauchen in ein Wellental, drehen uns erneut im Kreis und tanzen auf der Gischt. Die Felsen sind nicht mehr zu sehen, nur noch tosendes, schmutziges Wasser. Wir sind in einem Inferno gefangen, sind eins mit dem Fluß.

Und dann ist alles vorbei, so plötzlich, als habe es die Stromschnellen nie gegeben. Der Fluß wird ruhiger, das Dröhnen und Donnern nimmt ab, und wir treiben wieder ruhig dahin. Wir sind klitschnaß, aber glücklich. Wir haben die Stromschnellen gemeistert. Wir haben den Fluß so erlebt, wie John Wesley Powell im Jahr 1869, als er den Colorado in einem Holzboot besiegte: unverfälscht und hautnah. *Thomas Jeier*

Eine mehrtägige Rafting-Tour durch den Grand Canyon gehört zu den beeindruckendsten Naturerlebnissen im Südwesten der USA.

Seit 1963 wird der Colorado im weitverzweigten Schluchten-system des Glen Canyon zum Lake Powell gestaut, der inmitten einer grandiosen Felswildnis liegt (oben). Siebzehn Jahre brauchte der See, bis die Pegelmesser die geplante Stauhöhe von 1230 Metern über Normalnull anzeigten. Heute ist sein Ufer (unten) aufgrund der vielen Buchten und Canyons mit 3140 Kilometern länger als die gesamte Westküste der USA.

Anliegerstaaten des Colorado River den «Colorado River Compact», den ersten Vertrag weltweit, der die Mehrfachnutzung eines Flußsystems beinhaltete: seine Nutzung für Bewässerung, Überflutungskontrolle, Energieerzeugung und Tourismus. Das bis heute erreichte Ergebnis kann sich sehen lassen: Insgesamt neun Dämme regulieren den Lauf des Colorado und seiner Nebenflüsse; sie sorgen für die Verteilung des Wassers, für Energiegewinnung und mannigfache Wassersportmöglichkeiten. So wurde der Colorado River zu dem am intensivsten genutzten Fluß der Erde.

Statt der früher geradezu dramatischen Vereinigung mit dem Golf von Kalifornien, die Lieutenant Joseph C. Ives im Jahr 1858 mit den Worten: «Die breite Fläche des Flusses um uns herum kochte auf und schäumte wie Wasser in einem Kessel. Und dann, nach einem kurzen Augenblick, kam das Ganze zurück – mit dem Donner eines Kataraktes» beschrieb, rinnt heute, wenn überhaupt, nur noch eine schwarzbraune Salzbrühe in den Golf. Dabei handelt es sich nicht mehr um Colorado-Wasser, sondern nur noch um Abwasser der stromaufwärts mit drei Ernten im Jahr arbeitenden Landwirtschaft. Der Colorado ist gezähmt, aus dem Bronco, dem ungestümen Wildpferd, wurde ein müder Ackergaul, wenn auch ein äußerst wertvoller: Sein Nutzen für Landwirtschaft, Stromerzeugung und Tourismus wird auf mehr als eine Milliarde Dollar pro Jahr veranschlagt.

DIE NUTZUNG DER WASSERKRAFT

Der erste Schritt zur Nutzung des Colorado im großen Maßstab geschah mit dem «Boulder Canyon Project Act», beschlossen 1928. Damit war der Weg frei für den Bau des damals so genannten Boulder Dam nahe Las Vegas. Die zwischen 1930 und 1936 während der amerikanischen Wirtschaftsdepression hochgezogene Staumauer, ein Meisterwerk amerikanischer Ingenieurskunst, ist mit ihrer Höhe von 221 Metern noch heute eine der höchsten der Welt. Zu Ehren des früheren Präsidenten der USA, Herbert C. Hoover, der es wagte, den Bau inmitten der Wirtschaftskrise zu starten, erhielt der Damm 1947 den Namen Hoover Dam. Der von ihm aufgestaute Lake Mead ist mit einer Fläche von 593 Quadratkilometern und einem Fassungsvermögen von 38,5 Milliarden Kubikmetern der größte Stausee der USA und gleichzeitig einer der größten der Erde.

Kein Stausee der Welt kann ewigen Bestand haben. Nicht, weil der Beton der Dämme bröselt oder deren Verankerung im Fels bei Hochwasser angegriffen wird, auch das kommt vor, ist aber selten. Die vorrangige Ursache für die begrenzte Lebensdauer eines Stausees sind jedoch die Sedimente, die Feststoffpartikel, die die aufgestauten Flüsse unaufhörlich hineintragen.

Fortsetzung Seite 32

In allen Rot- und Brauntönen leuchtende Tafelberge (oben), die sich aus dem tiefblauen Wasser erheben, bizarre Felsformationen (unten) und versteckte Seitencanyons – für viele ist der von Menschenhand geschaffene Lake Powell nach dem Grand Canyon und dem Monument Valley das faszinierendste «Naturwunder» des amerikanischen Südwestens.

Strahlender Sonnenschein, klares, warmes Wasser, eine spektakuläre Felskulisse – Lake Powell lädt zu einem Badeurlaub ein.

Slickrock Canyon im Escalante State Park, Utah. Im September 1996 ernannte US-Präsident Bill Clinton dieses Schutzgebiet zusammen mit dem Kodachrome Basin State Park, dem Grosvenor Arch, Teilen des Paria-Plateaus und vielem mehr zum Grand Staircase-Escalante National Monument, um damit die einzigartigen Naturschönheiten dieses Gebiets vor dem geplanten Abbau großer Kohlevorkommen zu schützen.

SLICKROCK CANYONS

Geheimnisvolle Welten im Fels

Während der Grand Canyon durch seine Monumentalität besticht, verzaubern die engen mäandernden Slickrock Canyons durch ihr magisches Spiel von Licht und Schatten – nach jeder Biegung entdeckt man neue Formen und Variationen, mit jeder Stunde verändern sich die Farben.

Der Water Holes Canyon bei Page zählt zu den bekanntesten Slickrock Canyons.

Slickrock bedeutet glatter Fels, ein Slickrock Canyon ist demnach eine glattwandige Schlucht oder, wegen der steilen Wände, eine Klamm. Das Wort Klamm könnte allerdings falsche Erwartungen wecken. Ein Slickrock Canyon auf dem Colorado-Plateau hat nichts mit den Klammen der Alpen gemeinsam. Letztere sind feucht, vom Tosen eines Baches erfüllt, meist mit Treppen und Steigen erschlossen und auf jeder besseren Karte eingezeichnet. Slickrock Canyons dagegen sind in aller Regel staubtrocken, totenstill und zudem nicht ungefährlich. Klapperschlangen und unerwartete Flutwellen nach sommerlichen Gewitterregen, oft so weit entfernt, daß sie im Canyon nicht bemerkt werden, bedrohen den Canyon-Wanderer. Und sie sind, oder waren es zumindest bis vor kurzem, «geheim». Die Ersten, die diese Canyons – vor etwa 25 Jahren – entdeckten, versuchten lange Zeit krampfhaft, deren genaue Lage nicht preiszugeben.

Was aber sind denn nun diese Slickrock Canyons, die noch heute kaum ein Reiseführer erwähnt? Sie zu beschreiben ist schwierig, fast unmöglich. Wie soll man von diffusem, indirektem Licht beleuchtete Höhlen im Sandstein beschreiben – als Kathedralen im Stein? Die eleganten, weichen Wellen der Wände als strömenden Fels? An Klauen und Gewinde erinnernde Labyrinthe, gibt es etwas Vergleichbares? Dazu kommt: Das menschliche Auge kann diese Formenwelten nur unvollkommen wahrnehmen, dafür ist es in den Slickrock Canyons oft schlichtweg zu dunkel. Die wahre Schönheit der Formen und Farben, von Hellgelb, Orange, Rot, Blau bis Schwarz, wird erst auf den Fotos sichtbar, die mit langen Belichtungszeiten vom Stativ aus gemacht werden.

Wie von Künstlerhand modelliert wirken die weichen Wellen des Water Holes Canyon.

Nach dem schönsten unter ihnen, dem Antelope Canyon in der Navajo Indian Reservation, haben viele Fotografen jahrelang mühsam gesucht. Heute ist es kein Problem, den auf drei Abschnitte verteilten Canyon des Antelope Creek zu finden.

Am einfachsten ist der Zugang zu seinem oberen Teil, «The Crack» oder «Corkscrew Canyon» genannt. Am Highway 98 von Page nach Kaibito lädt in der Nähe der Navajo Power Station mit ihren riesigen blitzenden Schornsteinen ein Schild auf der rechten Straßenseite zum Besuch dieses Teils des Antelope Canyon ein. Nach Entrichtung einer Gebühr von meist fünf Dollar pro Person kann man sich mit eigenem Geländewagen rund 6 Kilometer durch streckenweise tiefen Sand wühlen. Wer das seinem Fahrzeug nicht zumuten will oder kann, hat die Möglichkeit, ein Allrad-Taxi zu mieten, das die Besucher zum Eingang des Crack bringt und sie dort nach einer vereinbarten Zeit wieder abholt. Weniger empfehlenswert, aber möglich ist es, dorthin zu wandern. Dann heißt es wieder einmal: *Carry water* – und zwar soviel, wie man gerade noch tragen kann!

Am Ziel erwartet den Besucher eine etwa 12 Meter hohe, versteinerte, gespaltene Düne, in die man auf gewundenem, daher der andere Name Corkscrew, aber ebenem Weg einfach hineinwandern kann. Der mittlere Abschnitt liegt direkt unter der Brücke des Highway 98 über den Antelope Canyon, ist aber mit Drahtzäunen abgesperrt. Allerdings bietet dieser Teil sowieso relativ wenig Sehens- und Fotografierenswertes. Der untere – vielleicht schönste – Abschnitt des Canyons erfordert hohe Trittsicherheit und alpine Ausrüstung zum Abseilen und Aufsteigen über glatte, meist trittlose Stufen von bis zu 10 Metern Höhe. Im Eingangsbereich haben die Navajo einige Leitern aufgestellt. Nach starken Regenfällen muß man zuweilen auch hüfthohe Tümpel durchwaten. Linkerhand der Straße zur geplanten Antelope Marina liegen nahe am unteren Canyonabschnitt gut sichtbar ein Parkplatz und ein Gate. Nach Entrichtung einer Gebühr an die dort wartenden Navajo ist man dann schon am Eingang in die faszinierende Unterwelt.

Helmut Friedrich

Ein besonders dramatischer und unvergleichlich schöner Blick auf den Colorado River bietet sich dem Besucher am Toroweap Overlook. Nahezu senkrecht fallen hier die Felswände zum Fluß hin ab, die die auf- und untergehende Sonne in leuchtenden Farben erglühen läßt.

Daß dieses Schicksal die Stauseen des Colorado besonders bedroht, lassen die schon genannten Daten erahnen. Rund 400 000 Tonnen Sedimente befördert der Fluß täglich und vermutlich eine gleich große Menge von Geröll. Eine solche Materialzufuhr würde die 38,5 Milliarden Kubikmeter Wasser des Lake Mead in nur 330 Jahren verdrängen, der Stausee wäre dann «voll». Vielleicht war das etwas zu pessimistisch gerechnet, denn die Menge des Gerölls ist nicht genau zu erfassen und bis zu 20 Prozent der Schwebstoffe fließen durch die Turbinen am Fuß des Dammes und verlassen so wieder den Stausee. Optimistischere Schätzungen geben dem Lake Mead deswegen eine Lebensdauer von fünfhundert Jahren.

Der imposante Grosvenor Arch aus gelbem Sandstein im Grand Staircase-Escalante National Monument.

Seit dem Bau des Glen Canyon Dam sind beide Zahlen überholt: Die im Jahr 1963 fertiggestellte Damm-Mauer wenig oberhalb von Lee's Ferry und der dadurch entstandene Stausee Lake Powell halten jetzt das vom Colorado mitgeführte Material auf. 320 000 Tonnen der vom Colorado in den Lake Powell transportierten 400 000 Tonnen bleiben darin liegen, außerdem alles vom Fluß bis dorthin beförderte Geröll. Was nach dem Glen Canyon noch in den Lake Mead gelangt, kann nur noch «neues» Geröll aus dem Grand Canyon und seinen Seitencanyons zwischen Lake Powell und Lake Mead sein und ist demzufolge recht wenig.

Damit steigt die Lebenserwartung des Lake Mead um das fünffache, allerdings zu Lasten des Lake Powell, dem nur sechshundert bis tausend Jahre zugestanden werden. Dieser «Tausch», dem der einzigartige, nun überflutete Glen Canyon zum Opfer fiel, ist für Naturschützer bis heute unverständlich und unverzeihlich.

Aber auch Wasserwirtschaftsexperten kritisieren den Glen Canyon Dam scharf, weil in dem trockenen Wüstengebiet, durch das der Colorado fließt, mit einer jährlichen

«Nie soll etwas geschehen, das die wunderbare Großartigkeit, die Erhabenheit, die grandiose Einsamkeit und Schönheit des Canyons beeinträchtigt. Die Zeit hat ihn geschaffen, und der Mensch kann ihn nur verschandeln» – tief beeindruckt von seinem ersten Besuch ließ US-Präsident Theodore Roosevelt schon 1906 einen Teil des Grand Canyon unter Schutz stellen.

Niederschlagsmenge von nur 200 Millimetern und einer mehr als zehnfachen Verdunstungsrate Stauseen sehr problematisch sind. 2,5 Kubikkilometer Wasser gehen durch die Verdunstung aus den Stauseen des Colorado jährlich verloren, eine Menge, die 1922 beim Abschluß des Nutzungsvertrags schlichtweg übersehen wurde.

In den Augen der Naturschützer hat dieser erst spät entdeckte Fehler jedoch auch etwas Gutes: Weitere Stauseen verbieten sich von selbst, ihr möglicher Nutzen würde durch die zusätzliche Verdunstung aufgehoben. So wird auch der irrwitzig anmutende Plan, den Colorado mit dem Bridge Canyon Dam nochmals zu stauen und somit den Grand Canyon zu überfluten, für immer in den Schubladen der Planer bleiben.

EIN NATURWUNDER WIRD ÜBERFLUTET

Nation's playground, a great place of fun, tiefblaues Wasser, 3140 Kilometer Uferlänge (doppelt so lang wie die Westküste der USA ohne Alaska) – für die einen ist der nach dem großen Forscher und Wissenschaftler benannte Lake Powell ein Freizeitparadies und «Naturwunder», für die anderen ein unverzeihliches Vergehen an der Natur an einer ihrer schönsten Stellen, das ohnehin nur kurzlebige Ergebnis einer unüberlegten Zerstörungsstat.

Die Vorgeschichte: Nachdem 1948, 26 Jahre nach der Verabschiedung des «Colorado River Compact», auch die nördlichen Anrainerstaaten dem Verteilungsplan zugestimmt hatten, legte 1953 das Bureau of Reclamation, die für Dammbauten zuständige Abteilung des Innenministeriums, eine Liste weiterer Dammprojekte im «oberen» Colorado-Becken vor. Dazu gehörte ein Damm im Glen Canyon und einer im Echo Park am Green River, inner-

Auf dem Colorado-Plateau stößt man immer wieder auf so bizarre Steinformationen wie hier im Grand Staircase-Escalante National Monument.

halb des heutigen Dinosaur National Monument. Das Echo-Park-Projekt wurde am stärksten angegriffen und schließlich von der Liste genommen, dafür aber der Flaming Gorge Dam in Utah hinzugefügt. Im heftigen Streit um den Echo Park Dam ging das Glen-Canyon-Projekt gewissermaßen unter, und so kam es, daß 1956 sowohl der Bau des Flaming Gorge Dam als auch der des Glen Canyon Dam in Angriff genommen wurden.

Kritik am Bau des Flaming Gorge Dam wurde nie laut, um so mehr aber am Bau des Glen Canyon Dam. Warum? Der Glen Canyon ist mit 320 Kilometern nach dem Grand Canyon nicht nur der längste, er war, wie seine Kenner sagen, auch der weitaus schönste unter den zahlreichen Canyons des Colorado. Nachdem der Beschluß gefaßt war, ihn mit dem Dammbau zu ertränken, erhielt der weder auf dem Land- noch auf dem Wasserweg leicht zu erreichende Glen Canyon die Bezeichnung *the place no one knew*, der Ort, den niemand kannte. Es ist leider wahr, nur wenige ausdauernde Wanderer, Reiter und Bootfahrer haben den Glen Canyon in seiner ursprünglichen Schönheit gesehen und mit ihren Erzählungen und Fotografien eine Erinnerung an die untergegangenen Herrlichkeiten geschaffen.

Wer den Glen Canyon erleben konnte, schwärmte in den höchsten Tönen. Schon John Wesley Powell, der erste Befahrer des Colorado, ein nach seinem Lebenslauf und seinen Leistungen zu urteilen ausgesprochen harter Bursche, war von seinem Anblick hingerissen und schrieb: «Eine wundersame Versammlung herrlicher Erscheinungen, geschliffene Wände, königliche Bögen, Klammen, Schluchten, Wälle und Monumente. Wir beschließen, diesen Canyon Glen [Klamm] Canyon zu nennen.» Und an anderer Stelle: «[Wir finden ...] eine riesige, in den Felsen gewaschene Höhle. Am oberen Rand befindet sich ein klarer, tiefer, von grünen Pflanzen gesäumter Teich. Die Höhle ist über 60 Meter hoch, 150 Meter lang und 60 Meter breit. In der Decke führt ein schmales gewundenes Oberlicht durch mehrere hundert Meter Felsen empor. Hier schlagen wir unser Lager auf. Mein Bruder singt uns ein Abendlied, und wir hören verzückt, wie sich die Höhle im Fels mit süßen Tönen erfüllt. Gewiß wurde sie von ihrem sturmgeborenen Architekten als Musikakademie geschaffen; aus diesem Grund nennen wir sie ‹Music Temple›.» Nach diesen Worten eines nüchternen Forschers fragt man sich, ob John Wesley Powell es wohl gebilligt hätte, daß der Stausee, der Orte von solchem Zauber ertränkte, nach ihm benannt wurde.

Music Temple, Cathedral in the Desert und viele andere Orte von schwer beschreibbarer Schönheit, mit glattpolierten hohen, gewölbten Steinwänden, verziert mit Wüstenlackstreifen (Wüstenlack wird die lackartig glänzende Kruste auf dem Sandstein genannt, die durch die Verdunstung von eisen- und manganhaltigen Minera-

Ein Zauberreich aus Fels mit wunderschönen versteinerten Dünen erwartet den Wanderer in der Paria Canyon-Vermilion Cliffs Wilderness westlich von Page.

Wanderungen in das unwegsame Gebiet um den Paria Canyon sollten gut geplant sein: Wer hier unterwegs ist, muß mit Hitze und Trockenheit ebenso rechnen wie mit Gewittern und Überschwemmungen.

Nach jeder Biegung warten neue Formen (oder Hindernisse): Erforschung des Slickrock Canyon Round Valley Draw im Grand Staircase-Escalante National Monument.

Fortsetzung Seite 41

Die Mooney Falls im Havasu Canyon zählen zu den schönsten Wasserfällen im amerikanischen Südwesten. Von den Indianern werden sie «Mutter des Wassers» genannt, ihr offizieller Name erinnert an den Iren James Mooney, der hier um 1880 nach Gold suchte und dabei tödlich verunglückte.

MYTHEN UND LEGENDEN UM DEN GRAND CANYON

Schon lange bevor Geologen die Entstehung des Grand Canyon wissenschaftlich erläuterten, hatten die Indianerstämme in der Umgebung der großen Schlucht dieses ehrfurchtgebietende Naturphänomen in ihren Mythen zu erklären versucht. Die Legenden der Weißen drehen sich dagegen fast ausschließlich um ein Thema – die Frage, ob es in der grandiosen Schluchtlandschaft vielleicht doch, wie vermutet, riesige Goldminen gäbe.

Für die Navajo, die Hualapai und die Havasupai-Indianer ist der Colorado River der Ausläufer einer großen Flut, die einst die ganze Erde bedeckte und die die Indianer nur überlebten, weil sie sich in Fische verwandelten – für traditionelle Navajo noch heute ein Grund, keinen Fisch zu essen. Durch die immense Kraft dieses Flusses, so glauben die Havasupai und Navajo, entstand der Grand Canyon – in diesem Punkt ist der Mythos nicht weit von der wissenschaftlichen Erklärung der Geologen entfernt. Für die Hualapai war es dagegen der mythische Held Packithaawi, der die große Flut beendete, indem er mit einer Keule auf die mit Wasser bedeckte Erde einschlug und so den Grand Canyon schuf. Bei den Ute-Indianern heißt es über den Ursprung des Colorado River: Der Gott Tavwoats «rollte einen reißenden Strom in die Schlucht», um den Weg in das mythische «Land der Freuden» zu verbergen und so die Menschen daran zu hindern, aus ihrem Alltagsleben auszubrechen.

1

2

Auch in der Mythologie der Hopi-Indianer spielt der Grand Canyon als heiliger Ort eine Rolle. Nach den mündlichen Überlieferungen der Hopi durchlebten die Menschen bereits drei Zeitalter, die alle durch große Katastrophen beendet wurden. Nur wenige überlebten den Untergang der dritten Welt und konnten unter der Führung der mythischen Großmutter Spinne aus der Unterwelt wieder nach oben, in die heutige vierte Welt gelangen. Über das Land der Toten, Máski, erzählt der Hopi-Indianer Ned Zeena in «Hopi – Stimmen eines Volkes» (Hg. H. Courländer und S. Dömpke): «So wie es die Oraibier erzählen, geht man im Tode nach Westen zum Grand Canyon, drüben, wo die Oraibier ihr Salz holen. Irgendwo dort in der Gegend. Sie behaupten, daß dort auch das Sipapuni ist, die Stelle, an der wir Hopi alle aus der Unterwelt kamen. Irgendwo dort ist die Straße nach Máski. Dorthin gehen die Totengeister.» In Sipapuni soll sich auf einem Felsen ein kleiner Tümpel gebildet haben, aus dessen gelbem Wasser verschiedene Gase emporsteigen, und noch heute unternehmen Hopi-Indianer die anstrengende Reise zu diesem geheimnisvollen Ort am Zusammenfluß von Colorado und Little Colorado, um Opfergaben zu hinterlegen.

1 Ute-Indianer im Süden des Grand Canyon.

2 «The Grand Canyon», ein Gemälde des berühmten amerikanischen Malers Thomas Moran (1913, The Thomas Gilcrease Institute of American History and Art, Tulsa, Oklahoma).

3

3 Einfache Rundhütten dienten den Indianern vor allem als Schutz vor der glühenden Sonne auf dem Canyongrund. Im Bild die «Hava-Supai Lodge» bei Supai.

4 Paiute-Indianer auf der Jagd im Grand Canyon (Foto, 1872).

Auch Supai, das Dorf der Havasupai-Indianer am Grund des Havasu Canyon, ist ein magischer Ort. Schon bevor die Weißen kamen, fühlten sich die ersten Bewohner des amerikanischen Südwestens von der Flußoase angezogen. Von Frühling bis Herbst bauten sie am Canyongrund Mais, Melonen, Bohnen und Kürbisse an, bei Einbruch des Winters zogen sie auf das Plateau und gingen dort auf die Jagd. Im türkisfarbenen Strom der stürzenden Wasser, die später Mooney Falls heißen sollten, stritten sich der Legende nach die guten und die bösen Geister, und es galt als Privileg, an diesem heiligen Ort zu wohnen. Francisco Garcés, ein spanischer Missionar, der die Havasupai 1776 besuchte, beschrieb seine «roten Kinder» als «glückliche und fleißige Menschen», die von einer unbekannten Kraft gelenkt wurden und die es jeden Sommer in die Schlucht zog.

Die Geister waren den Indianern wohlgesonnen, selbst die bösen Kräfte forderten die Bewohner der Schlucht nicht heraus. Erst als weiße Männer in das verwunschene Land der blauen Wasserfälle eindrangen, setzten sie sich zur Wehr. Der moderne Name Mooney Falls erinnert an einen Iren, der im Jahr 1880 in Supai auftauchte, um in den Felshöhlen des Grand Canyon nach Gold zu suchen. Seine Freunde wollten ihn in die Seitenschlucht abseilen, aber das Seil war zu kurz, und er stürzte in den Tod.

4

Ein böser Zauber, so sagt man, liegt über den Schluchten und Höhlen des Grand Canyon zwischen Lee's Ferry und Vulcans Throne. Dort versteckte sich John Doyle Lee vor seinen Verfolgern. Er gehörte zu den Mormonen, die über hundert Siedler auf ihrem Weg nach Kalifornien umgebracht und den Überfall den Indianern in die Schuhe geschoben hatten. Lee floh in den Canyon, verirrte sich aber in dem Labyrinth der Schluchten und fiel schließlich den Havasupai-Indianern in die Hände, die ihn nach Supai verschleppten. Erst zwei Jahre später gelang es ihm zu entkommen. Er rannte davon und zog jahrelang durch die rotbraunen Canyons.

1871 befahl Brigham Young, der Mormonenführer, dem rastlosen John Doyle Lee, eine Fähre über den Colorado River einzurichten, damit seine Siedlerfamilien ins nördliche Arizona ziehen konnten. Der Mann gehorchte und siedelte an der Mündung des Paria Creek. Lee's Ferry, Startpunkt vieler Rafting-Touren, erinnert mit seinem Namen heute noch an den einsamen Mormonen. Die bösen Geister aber, so sagt man, ließen ihn nicht los und trieben ihn nach Panguitch, Utah, wo er von den Beamten des Gesetzes festgenommen wurde. Er wurde zum Tode verurteilt und mußte sich gefesselt in einen Sarg stellen. «Ich habe keine Angst vor dem Tod!» rief er den Männer zu, die auf ihn anlegten. Er verspottete sie und starb mit einem Lächeln auf den Lippen.

Sein großes Geheimnis verriet er den Männern nicht. Die Legende will wissen, daß er eine reiche Goldmine im Grand Canyon entdeckt hatte, die aber bis heute nicht gefunden wurde. Jeder, der danach gesucht hatte, kehrte unverrichteter Dinge zurück – ob die Havasupai-Indianer das Geheimnis kennen? *Thomas Jeier*

Geradezu winzig wirken diese Reiter vor der gewaltigen Kulisse der Felswände im Havasu Canyon.

Mit aufwendigem Brust- und Federschmuck und gefärbten Stachelschweinborsten im Haar präsentiert sich der junge Teilnehmer stolz auf dem indianischen Pow-wow in Gallup.

Szenen auf dem Pow-wow in Gallup, zu dem sich jährlich im August zahlreiche Indianerstämme treffen, um gemeinsam zu feiern und alte Tänze, Kostüme und traditionelles Kunsthandwerk vorzuführen.

lien entsteht, die vom Regenwasser an die Oberfläche befördert werden) oder *Hanging gardens* (von Sickerwasser genährte Hängepflanzen), schattenkühle Plätze, deren Stille nur gelegentlich von schwirrenden Vögeln unterbrochen wurde – all dies ist unwiederbringlich verloren, zuerst vom Wasser bedeckt, inzwischen unter Geröll und Schlamm begraben. Das heißt, würde man heute den Glen Canyon Dam sprengen (*crack the dam* lautet die vehemente Forderung besonders hitzköpfiger Gegner des Dammes), die dann wieder auftauchende Landschaft würde diese «Rettungstat» nicht lohnen. Die Canyonwände blieben hellgrau gebleicht, da das gestaute Wasser die farbgebenden Mineralien herausgelöst hat. Die wieder trockenen Canyonböden wären nichts anderes als eine öde Stein- und Geröllwüste. Vielleicht würden die neu auftretenden ungezügelten Hochwasser des Colorado River den Glen Canyon mit der Zeit freispülen. Vielleicht würden auch die ihn einrahmenden Felsen im Lauf der Zeit wieder ihre vorherige Farbe annehmen. Aber all das ist und bleibt nur Spekulation, an die Sprengung des ihnen verhaßten Dammes glauben nicht einmal seine entschiedensten Gegner.

Wenn schon der Glen Canyon unwiederbringlich verloren ist, dann hoffen die Besucher des Lake Powell zumindest, daß sich der See wieder so weit füllt, wie es ursprünglich geplant war. Im Jahr 1992 war zum Beispiel sein Wasserstand nach einer jahrelang anhaltenden Trockenheit um 25 Meter gefallen – häßliche «Badewannenränder» waren die Folge. Im Frühjahr 1996 fehlten dem See zwar «nur» 8 Meter, aber die ausgebleichten Ränder blieben unübersehbar. Die ständige Zufuhr von Schlamm und Geröll unterstützt auf der einen Seite die Anhebung des Wasserspiegels, führt jedoch auf der anderen Seite auch zum schon geschilderten Ende des Lake Powell in sechshundert bis tausend Jahren. Viel früher sind auf dem See zunehmende Beschränkungen für den Bootssport zu erwarten, so werden beispielsweise Fahrten in Seitencanyons des Sees, die heute noch den Teilnehmern der Rundfahrten viel Spaß machen, durch neue Untiefen nicht mehr möglich sein. Auch die Einfahrt in den Forbidden Canyon, dem Zugang zur berühmten Rainbow Bridge, die auf dem Landweg nur schwer zu erreichen ist, könnte blockiert werden.

Doch noch ist der Lake Powell für unzählige Urlauber ein Platz ungetrübten Vergnügens. Das hätte der schwer zugängliche Glen Canyon in seiner ursprünglichen Form nie sein können. Wüstenklima, blauer Himmel, ideales Badewetter, im Hochsommer oft von dramatischen Gewittern unterbrochen, deren Entstehung durch die starke Verdunstung des Sees begünstigt wird, beeindruckende Felskulissen, tiefblaues, warmes Wasser und hervorragende Wassersportmöglichkeiten – was will man mehr? Nur noch wenige weinen dem Glen Canyon nach.

Fortsetzung Seite 44

Nach dem langen staubigen Anmarsch stößt der Wanderer am Grund des Havasu Canyon auf ein unerwartet grünes Paradies inmitten der Felswüste: Pappeln, Weiden und Ahornbäume säumen den kristallklaren Havasu Creek, an dem sich Kormorane, Eisvögel, Kolibris, Lazulifarbfinken und zahlreiche andere Vogelarten tummeln.

LEBEN IN EINER OASE

Der Havasu Canyon

1

Abseits von Lärm und Hektik der Zivilisation erwartet den Besucher am Grund des Havasu Canyon das kleine Indianerdorf Supai. Der Weg dorthin ist mühsam, doch die Legende will wissen, daß sich die ganze Schönheit dieses abgelegenen Paradieses nur dem offenbart, der sich ihm zu Fuß nähert.

Für viele schöne oder interessante Ziele im und am Grand Canyon braucht man viel Zeit, Ausdauer und oft eine gute körperliche Konstitution. Der beschwerliche Weg nach Supai kostet Schweiß und Kraft und scheint oft kein Ende zu nehmen. Im Sommer staut sich in der engen Schlucht die Hitze, und Temperaturen von über 50 Grad Celsius sind keine Seltenheit. Warum aber nehmen, wenn auch eher wenige, Touristen diese Mühen auf sich? Was macht den kleinen Canyon, der auf einigen Karten auch als Cataract Canyon verzeichnet ist, für die Besucher des Grand Canyon so anziehend?

Manche werden sich für die dort lebenden Havasupai-Indianer interessieren, die »Menschen vom blaugrünen Wasser«. So nennen sie die *haigu*, die Weißen, sie selbst kennen sich als Supai. So heißt auch das Dorf, in dem rund hundert Angehörige des heute noch etwa vierhundert Mitglieder zählenden Indianerstammes recht isoliert leben und eine bescheidene Landwirtschaft betreiben. Sie haben sich noch einige Traditionen bewahrt, so die Schwitzhütte, die indianische Sauna. Ihr Besuch dient nicht nur der Reinigung des Körpers, sondern hat auch spirituelle Bedeutung. Auch alte Jagdzeremonien und Bestattungsriten sind bei den Havasupai erhalten.

Die meisten Besucher kommen jedoch wegen der Naturschönheiten des Havasu Canyon. Er birgt eine Flußoase, wie sie in

2

dieser Kalksteinwüste niemand erwarten würde. Nach einem langem Weg durch eine trockene, felsige Landschaft wird der Wanderer oder Reiter vom Geräusch rauschen-

1 Havasupai-Indianer.

2 Naturidylle am Havasu Creek.

Im Land des blaugrünen Wassers: Zwischen den roten Felswänden stürzen die Havasu Falls 30 Meter in die Tiefe. Seine auffällige Färbung verdankt das Wasser mineralischen Verbindungen, die es aus dem Gestein aufnimmt.

3 Je tiefer man hinabreitet, desto abwechlungsreicher wird die Landschaft.

den Wassers empfangen und überrascht. Und schließlich, nach der letzten Wegbiegung, bietet sich unvermittelt der Anblick des frischen Grüns von Pappeln, Obstbäumen, Büschen und Wiesen, die der Havasu Creek bewässert, ein klarer Bach, der das ganze Jahr über reichlich Wasser führt.

Unterhalb des Ortes Supai liegen die vier berühmten Wasserfälle des Havasu Creek, die Navajo, Havasu, Mooney und Beaver Falls. Die Mooney Falls, mit einer Fallhöhe von 60 Metern die höchsten, werden von den Indianern »Mutter des Wassers« genannt. Ihr heutiger »offizieller« Name geht auf den unglückseligen Erzsucher James Mooney zurück, der sich 1880 von der Kante des Wasserfalls abseilen wollte und dabei tödlich verunglückte.

Die 30 Meter hohen Havasu Falls sind auf vier Stränge verzweigt. Besondere Freude haben ihre Besucher an den von Travertinwänden gefaßten Becken an ihrem Fuß, von der Größe einer Badewanne bis zu der eines Swimmingpools, in deren kühlem Wasser ein Bad wie in einem Whirlpool genommen werden kann.

Whirlpools in der Wüste, umgeben von üppigem Grün – das sind ganz neue, ganz ungewohnte und sehr erfrischende Aspekte der großen Schlucht des Colorado.

Aber auch dieses Paradies ist bedroht! Unglaublich, aber wahr, gibt es Pläne, oberhalb des Havasu Canyon und außerhalb des geschützten Gebiets des Grand Canyon National Park ein Uran-Bergwerk zu erschließen. Ob dafür wirklich Bedarf besteht, kann hier nicht diskutiert werden. Aber was ein solches Bergwerk mit einem nach »menschlichen Ermessen auszuschließenden« Unfall in der Abwasserentsorgung für den Havasu Canyon bedeuten würde, das liegt auf der Hand.

Helmut Friedrich

3

Ein Salto in den Little Colorado River – während einer Rafting-Tour gibt es immer auch Pausen zum Baden und Sonnen, und man hat Gelegenheit, die Gegend zu erkunden oder einfach die phantastische Landschaft auf sich wirken zu lassen.

FLORA UND FAUNA

Wer vom Rand des Grand Canyon in die sich als nahezu nackte Steinwüste darbietende Landschaft schaut, könnte bezweifeln, daß es in der Tiefe überhaupt Lebewesen gibt. Doch dieser erste Eindruck trügt: Existieren hier doch nahezu tausend verschiedene Pflanzen, 75 Säugetier- und 230 Vogelarten, 43 Vertreter der Amphibien und Reptilien und 16 Fischarten.

Den Fischen hat der Bau des Glen Canyon Dam am meisten zugesetzt. War das Wasser des Colorado vorher schlammig und den Jahreszeiten angepaßt unterschiedlich warm, so ist das heute vom Grund des Stausees entlassene Colorado-Wasser klar und das ganze Jahr über sehr kalt, nur 10 Grad Celsius warm. Forellen können damit leben, andere Fischarten wurden vertrieben.

Auf die Tier- und Pflanzenwelt im Grand Canyon blieb der Dammbau dagegen ohne Einfluß. Nach wie vor werden am Canyongrund im Sommer bis zu 50 Grad Celsius gemessen. An den Canyonrändern fällt im Winter die Temperatur unter null Grad, am South Rim meist nur für wenige Tage, am rund 400 Meter höher gelegenen North Rim bedeutend länger – dort liegt im Winter der Schnee monatelang meterhoch.

C. Hart Merriam, Direktor im US-Landwirtschaftsministerium, definierte um 1800 sieben Klima- oder Lebenszonen für den nordamerikanischen Kontinent: die tropische, die subtropisch heiße untere sonorische, die obere sonorische, die Übergangs-, die kanadische, die hudsonische und die arktisch-alpine Zone. Vier dieser Zonen, von der unteren sonorischen Zone im Canyongrund bis zur kanadischen am Kaibab-Plateau passiert der Wanderer, wenn er von der «Phantom Ranch» auf dem rund 22 Kilometer langen Weg zum 1750 Meter höheren North Rim aufsteigt. Auf dieser vergleichsweise kurzen Strecke geht es durch die gleichen Klimazonen wie auf einer 2800 Kilometer langen Wanderung von Baja California in Mexiko bis nach British Columbia in Kanada.

Vier Klimazonen im Grand Canyon! Kein Wunder also, daß die Artenvielfalt der Tiere und Pflanzen so groß ist. In der unteren sonorischen Zone, die vom Canyongrund (an der Kaibab-Hängebrücke 760 Meter über dem Meer) an den Südhängen bis 1500 Meter und an den Nordhängen bis 1200 Meter über den Meeresspiegel reicht, sind die Lebensbedingungen am härtesten. Pflanzen und Tiere, die hier bestehen wollen, müssen äußerst genügsam und zäh sein sowie über verschiedene Überlebensstrategien verfügen: Entweder sind sie sehr unauffällig oder schnell, oder sie wirken auf ihre Feinde sehr abschreckend. Typisch für diese Klimazone sind die bis zu 4 Meter hohe Catclaw Acacia (Katzenkrallen-Akazie), ein Busch mit messerscharfen, gekrümmten Dornen, und Mesquite-Sträucher. Bevorzugt hier, aber auch in der

Wer den Grand Canyon wie hier mit einem «dory», einem Ruderboot, durchfährt, bewegt sich auf den Spuren von Major Powell, der den Colorado River 1869 erstmals mit neun Männern in kleinen Holzbooten bezwang.

Erfrischende Dusche an einem kleinen Wasserfall in einer Seitenschlucht des Grand Canyon. Der meist sehr schlammige Colorado River eignet sich nicht zum Trinken und Waschen – sein Wasser ist, so lautet ein berühmter Ausspruch, «zu dünn zum Pflügen und zu dick zum Trinken».

Der Cliff Spring Trail am North Rim begeistert vor allem im Frühjahr durch die üppig blühende Vegetation.

Ein seltener Anblick im Grand Canyon National Park: Nahe dem Quartermaster Viewpoint stößt man auf ein Wäldchen von Joshua Trees, die man ansonsten vor allem in der Mojave-Wüste findet. Einzelne Exemplare dieser Yucca-Art werden über 10 Meter hoch und Hunderte von Jahren alt.

Cape Royal am North Rim: Im Vordergrund erheben sich majestätisch die Tafelberge mit den klangvollen Namen Wotans Throne und Vishnu Temple, dahinter breitet sich bis zum Horizont die tief zerklüftete Erosionslandschaft des Grand Canyon aus.

Eine Kopfbedeckung, gutes Schuhwerk und ausreichende Wasservorräte sind für jede Wanderung im Grand Canyon National Park unabdingbar. Da man sich hier im «Rattle Snake Country» befindet, sollte man auch auf die seltenen, aber gefährlichen Klapperschlangen achten.

nächsthöheren Klimazone lebt die Canyon-Fledermaus, so klein, daß sie leicht für einen Nachtfalter gehalten werden könnte, wenn auch für einen sehr schnellen. Andere Bewohner der unteren sonorischen Zone sind die Halsbandleguane, die bis zu 30 Zentimeter lang werden. Die Männchen präsentieren sich leuchtendgelb bis leuchtendgrün gefärbt, während man bei den Weibchen alle Schattierungen von grau bis leuchtendorange findet. Ihren Namen verdanken diese Leguane den hellen und dunklen Streifen um ihren Hals. Sie brauchen sich offenbar nicht zu verstecken, wahrscheinlich wirken ihre Signalfarben abschreckend. Auch mit Skorpionen und Klapperschlangen muß hier gerechnet werden.

In der darüberliegenden oberen sonorischen Zone, die an den Südhängen bis 2100, an den Nordhängen bis 1800 Meter über den Meeresspiegel reicht, findet man häufig den kugeligen, gelbblühenden Angelhakenkaktus. Typisch für diesen Lebensbereich sind ferner Utah-Wacholder und Pinyon-Kiefer, die hier den sogenannten Zwergwald *(Pygmy Forest)* bilden. In dieser Zone tauchen auch die ersten Säugetiere auf: das Felsen-Eichhörnchen und der Graufuchs.

Größere Säugetiere wie Puma, Luchs, Wapiti-Hirsch, Maultierhirsch und Dickhornschaf kümmern sich wenig um die Klimazonen des C. Hart Merriam, sie durchstreifen sie frei. So wurde ein Maultierhirsch beobachtet, der an einem Tag vom Canyonrand bis zum Fluß hinabstieg und diesen durchschwamm. Dann verlor sich seine Spur. Ist er auf der gegenüberliegenden Seite wieder emporgeklettert? Wahrscheinlich, denn am Canyongrund halten es weder Menschen noch größere Tiere lange aus.

Eine Besonderheit unter den Säugetieren der großen Schlucht sind die Burros, verwilderte Nachkommen der Esel, die einst im Canyon abgebaute Erze transportierten. Nachdem sich der Bergbau nicht mehr rechnete, wurden sie von den Minenbetreibern ihrem Schicksal überlassen. Die Esel fanden sich in der freien Natur schnell zurecht und ihr Lebensraum reicht heute vom Canyonrand bis zum Fluß. Allerdings nehmen sie den einheimischen Tieren Nahrung weg und stören so das sensible Gleichgewicht der Natur im Grand Canyon. Deswegen wurden von der Nationalparkverwaltung immer wieder Versuche unternommen, die Burros aus dem Grand Canyon zu «entfernen», ein beschönigender Ausdruck dafür, sie abzuschießen. Heute bemüht man sich, sie einzufangen und anderswo anzusiedeln.

Doch zurück zu den Klimazonen. Auf die obere sonorische Zone folgt die Übergangszone, sie reicht an der Nordseite des Grand Canyon bis in eine Höhe von 2500 Meter. Typisch sind hier die Ponderosa- oder Gelbkiefer, das Goldmantel-Hörnchen, das Abert- und das Kaibab-Hörnchen. Letztere haben die Biologen sehr interessiert, denn das Abert-Hörnchen ist nur am South

Auf dem Weg in die Schlucht wandert man durch verschiedene Klimazonen, von denen jede einzelne ihre eigene, vielfältige Tier- und Pflanzenwelt aufweist. Hier bildet das frische Grün der Ufervegetation des Garden Creek einen reizvollen Kontrast zur trockenen Felswüste der Umgebung.

Vista Encantadora, Bezaubernde Aussicht, lautet der spanische Name dieses Ausblickspunkts am North Rim. Wenn sich im Indian Summer das Laub verfärbt, pilgern Touristen und Fotografen aus der ganzen Welt zu diesem phantastischen Naturschauspiel am Nordrand des Grand Canyon.

Rim anzutreffen, das Kaibab-Hörnchen nur am North Rim. Beide Arten ernähren sich vorzugsweise von den Zweigspitzen, der Rinde und den Samen der Gelbkiefer, sind also an deren Vorkommen «gebunden». Sie haben den gleichen Körperbau, die gleiche Größe und die gleichen Gewohnheiten. Beide haben einen dunkelgrauen Rücken mit einem braunen Streifen, allerdings hat das Abert-Hörnchen einen weißen Bauch und einen grauen Schwanz, das Kaibab-Hörnchen einen schwarzen Bauch und einen weißen Schwanz. Es sieht ganz danach aus, als hätte sich hier eine Tierart, die es schon vor der Entstehung des Grand Canyon gab, zu verschiedenen Untergruppen entwickelt, als die Kluft zwischen Nord und Süd keinen genealogischen Austausch mehr zuließ.

Eine sich anbietende Erklärung, der weiße Schwanz des Kaibab-Hörnchens sei eine Anpassung an den Schnee, der oft von November bis Mai am North Rim liegt, wurde wieder verworfen. Der dunkelgraue Körper des Hörnchens bietet im Schnee keine Tarnung und es legt, wenn es Gefahr wittert, seinen Schwanz nicht zur Deckung über den Rücken. Auch bleibt der Schwanz das ganze Jahr über weiß, hat also in der schneefreien Zeit wohl eine Signal-, aber keine Tarnfunktion.

An die Übergangszone schließt am Nordrand des Canyons die kanadische Zone an, die hier etwa 2500 Meter über dem Meeresspiegel beginnt. An dieser Zone hat der South Rim bereits keinen Anteil mehr. In der kanadischen Zone gedeihen vor allem die Stechfichte, die Colorado-Tanne und die Douglas-Tanne, alles Bäume, die es kühl und feucht lieben. Die Douglas-Tanne findet sich übrigens vereinzelt auch am South Rim, also noch unterhalb der kanadischen Zone, dort allerdings nur an schattigen, kühlen Plätzen, die ausreichend Oberflächenwasser erhalten. Eines von vielen Beispielen dafür, daß die Klimazonen im Grand Canyon nicht mit dem Lineal gezogen werden dürfen.

Am North Rim beeindruckt im Herbst besonders die amerikanische Espe (auch Zitterpappel genannt) mit ihren in dieser Jahreszeit in vielen Gelb- und Brauntönen leuchtenden und im Luftzug zitternden Blättern. Relativ häufig sieht man dort auch Maultierhirsche. Am späten Nachmittag treten sie in Rudeln aus den umgebenden Wäldern zum Äsen auf die weiten Hochlandwiesen und springen unbekümmert über die Straßen, so daß beim Fahren höchste Vorsicht geboten ist.

SAURIER IM GRAND CANYON?

Die unterschiedliche Entwicklung der Eichhörnchen beiderseits der großen Schlucht ließ die Frage aufkommen, ob es auch auf den Plattformen der isoliert aus dem Grand Canyon aufragenden Tafelberge eigenständige

Golden leuchtet das Herbstlaub des Baumes am Tiyo Point, North Rim, in der Morgensonne, während die Schluchten des Canyons noch im geheimnisvollen Dunkel liegen.

Igelkaktus im Grand Canyon. Eine Wanderung in die Tiefe entspricht klimatisch einer Reise vom kanadischen Norden in die Wüste Mexikos.

Entwicklungen geben könnte. 1937 wurde unter der Leitung von Harald Anthony, Kurator am American Museum of Natural History, eine Expedition auf den Shiva Temple geplant, einen hohen bewaldeten Tafelberg, der vor etwa 20 000 Jahren durch Erosion vom North Rim abgetrennt wurde. Kaum war dieses Vorhaben publik, wurde in den Zeitungen darüber spekuliert, ob «dort oben» vielleicht noch Dinosaurier oder feuerspeiende Drachen leben könnten. Dabei hatte Anthony, ein nüchterner Wissenschaftler, von Anfang an nichts anderes erhofft, als geringfügige Mutationen bekannter Arten zu finden.

Da der auserkorene Tafelberg als unbesteigbar galt, hielt man zunächst eine Landung mit dem Hubschrauber für die einfachste Lösung. Diese Idee wurde aber wegen erwarteter gefährlicher Luftströmungen ebenso verworfen wie der Absprung über dem Tafelberg mit dem Fallschirm. Schließlich beschloß man, es doch mit klassischem Bergsteigen zu versuchen, und siehe da, es war gar nicht so schwer, das Hochplateau zu erklimmen. Die Expedition benötigte von einem leicht zugänglichen Felssattel am Fuß des Zielberges für die verbleibenden 400 Höhenmeter nur einen Vormittag. Der letztendlich relativ mühelose Aufstieg ließ allerdings schon ahnen, daß im Zielgebiet kaum etwas Neues zu finden sein werde. Die Voraussetzungen für eine Artentrennung waren offenbar nicht gegeben.

Ein Verdacht, der sich bald bestätigte. Im Verlauf einer mehrtägigen gründlichen Spurensuche fand die Forschergruppe unter anderem ein abgeworfenes Maultierhirsch-Geweih, das aus dem Jahr der Expedition stammte, wie auch frische Puma- und Koyotenspuren. Lebend gefangene Tiere wie Felsenratten und Backenhörnchen unterschieden sich nicht von ihren «Kollegen» am North Rim.

Auch wenn diese Expedition die in sie gesetzten Erwartungen nicht erfüllte, bleibt der Grand Canyon doch – nicht nur für Biologen – spannend. Noch sind nicht alle Tafelberge in der großen Schlucht erforscht, noch besteht Hoffnung, dort endemische, also nur dort vorkommende, Lebewesen zu finden. Saurier oder Drachen werden es aber nicht sein.

Ein prächtiger Maultierhirsch – kein ungewöhnlicher Anblick am North Rim. Seit ihre natürlichen Feinde, die Pumas, nahezu ausgerottet sind, haben sich ihre Bestände stark vermehrt, und da sie im Schutzgebiet nicht gejagt werden dürfen, nähern sich viele Tiere dem Menschen ohne Scheu.

FRÜHJAHRSPUTZ IM GRAND CANYON

Am 26. März 1996 begann ein seit dem Bau des Glen Canyon Dam noch nie durchgeführter Versuch: Nacheinander wurden alle vier Schleusen des Dammes geöffnet, um dem Colorado vorübergehend wieder seine ursprüngliche Kraft zu verleihen. Aber nicht etwa, um Besuchern des Grand Canyon die Macht des Colorado vorzuführen oder Schlauchbootfahrern den Kitzel neu belebter Stromschnellen zu schenken, nein, es ging um die Runderneuerung der Ufer des Colorado im Grand Canyon. Der seit der Errichtung des Dammes gezähmte Fluß hatte seine früher regelmäßig mit dem Frühjahrshochwasser angeschwemmten Sandbänke im Lauf der Jahre verloren, und stattdessen hatten sich am Ufer Kakteen und Bäume angesiedelt, die nach Ansicht der Parkverwaltung nicht in die Urlandschaft des großen Canyons gehörten. Denn auch die früheren, mit den Hochwassern im Frühjahr jährlich eingeschwemmten riesigen Sandmassen blieben nach dem Dammbau aus, nur noch Sand und Geröll aus dem Paria River und dem Little Colorado gelangten in den Colorado unterhalb des Dammes und lagerten sich wegen seines eher trägen Fließens nur auf seinem Grund, nicht aber an seinen Ufern ab.

Die «Spülaktion» Grand Canyon war jahrelang vorbereitet worden, auch mit Simulationen am Computer, und wurde während der Ausführung von rund zweihundert Wissenschaftlern und Helfern überwacht.

Der Trick dabei: Mit der Steigerung der Wassermenge von anfangs rund 17 000 Litern innerhalb von zehn Stunden auf den Höchstwert von 100 000 Litern pro Minute entstand eine kräftige Flutwelle, die schneller als der Fluß durch den Canyon lief und den im Flußbett abgelagerten Sand hoch aufwirbelte. Durch diese künstliche Flut entstanden wie geplant zahlreiche neue Sandbänke entlang des Flusses, die nicht zuletzt auch den zahlreichen Colorado-Befahrern zugute kommen – es gibt jetzt

Fortsetzung Seite 58

Die Vegetation am höher gelegenen North Rim ist aufgrund der größeren Niederschlagsmengen sehr viel dichter und vielfältiger als am South Rim: Direkt am Abgrund wächst ein Mischwald aus Colorado- und Douglass-Tannen, Pappeln, Espen und Gelbkiefern (oben), etwas abseits der Schlucht stößt man auf Farne und Orchideen, Feuchtwiesen und Seen (unten).

«Hier fand ich in der Tat den großartigen, wilden, einsamen Ort meiner Träume!», schrieb Zane Grey über den Grand Canyon.

Schnee und winterliche Temperaturen bestimmen bereits die Randzonen der großen Schlucht, während in 1600 Meter Tiefe immer noch Wüstenklima herrscht. Blick vom Mather Point am South Rim.

FAHRT INS UNBEKANNTE

Der Entdecker John Wesley Powell

Unzählige unbekannte Stromschnellen und reißende Strudel, ein Boot zerschellt, vier Männer haben sich von der Gruppe getrennt, die anderen sind verletzt und halbverhungert – als Major Powell mit dem Rest seiner Mannschaft nach einer fast hundert Tage währenden Odyssee den Colorado River durch den Grand Canyon endlich bezwungen hatte, war er von der Presse schon für tot erklärt worden.

Zwei Namen sind mit dem Grand Canyon untrennbar verbunden: der Colorado, der Strom, der ihn schuf, und John Wesley Powell, Leiter der ersten Expedition, die den Grand Canyon mit Holzbooten auf dem Colorado durchfuhr.

1865 im Rang eines Majors nach dem Sezessionskrieg, der ihm seinen rechten Unterarm nahm, aus der Armee ausgeschieden, trieb es Powell, damals schon Professor der Naturgeschichte, zu Erkundungen in die Rocky Mountains. Seinem Forscherdrang genügte dieses Ziel allerdings nicht. So kam er auf die Idee, einen der letzten »weißen Flecken« auf der Landkarte der Vereinigten Staaten zu tilgen: die Canyons des Green River bis zum Zusammenfluß mit dem Colorado und dann weiter bis zum Ende des Grand Canyon.

Powell war wohl zum Entdecker geboren, forderte sein Vorhaben doch Talente, die er sich noch nicht durch Erfahrung aneignen konnte. So erwies er sich als ausgezeichneter Organisator, sicherte die Finanzierung der Expedition durch Universitäten und die Armee, bewies Menschenkenntnis bei der Auswahl der Expeditionsmitglieder (die er sogar dazu brachte, ihre persönlichen Ausgaben selbst zu tragen), war Konstrukteur der Boote und ein umsichtiger Leiter. Am 24. Mai 1869 startete die Mannschaft in Green River, Wyoming, mit drei 6,40 Meter langen Eichenholzbooten und der »Emma Dean«, einem leichteren, nur knapp 5 Meter langen Ruderboot aus Weißkiefer, in dem Powell selbst saß.

1

2

1 Porträt von John Wesley Powell. – 2 Vorbereitung des Nachtlagers. – 3 Schiffbruch der »No Name«. – 4 Wilde Stromschnellenfahrt. (Alle Illustrationen aus Major Powells 1875 veröffentlichtem Tagebuch)

3

Sogar nach den strapaziösesten Etappen bewies Powell noch schriftstellerische Fähigkeiten, wie zwei Beispiele aus seinem Tagebuch »Exploration of the Colorado River of the West and its Tributaries« belegen: »(13. 08.) Jetzt sind wir bereit, unseren Weg ins große Unbekannte anzutreten [...]. Wir sind 1200 Meter tief in der Erde gefangen, und der große unbekannte Fluß schrumpft zur Bedeutungslosigkeit, wenn er zornig seine Wellen gegen die Wände und Klippen schlagen läßt, die zur Welt droben emporragen. Diese Wellen nehmen sich hier wie eine leichte Kräuselung des Wassers und wir uns wie Pygmäen aus, die sich inmitten der Felsquader verlieren. Wir wissen nicht, welche Entfernung noch vor uns liegt, ein unbekannter Fluß ist zu erforschen: Welche Fälle stehen uns noch bevor, wo liegen Felsbrocken in unserem Weg, wo ragen Felswände über den Fluß herein? Wir können nur mutmaßen.«

Am 14. August schrieb Powell: »Gegen elf Uhr hören wir voraus großen Lärm. Wir nähern uns vorsichtig dem Tosen. Das Geräusch wird immer lauter. Schließlich sind wir oberhalb einer langen, vielfach unterbrochenen Stromschnelle angekommen. Felstreppen und steinerne Spitzen behindern den Lauf des Flusses [...], und das abwärts stürzende Wasser bricht sich an den Felsen zu großen Wellen und schäumt wütend auf. Es wäre unpraktisch, die Boote zu tragen. Wir müssen die Stromschnellen entweder durchfahren oder aufgeben. Es gibt kein Zögern.«

4

Auch als Namensgeber tat sich Powell in der bisherigen Terra incognita hervor: Unter anderem Dirty Devil, Glen Canyon, Bright Angel, Desolation Canyon, Marble Canyon, Flaming Gorge und Lava Falls gehen auf ihn zurück.

Zwei Jahre nach der Erstbefahrung leitete Powell auch die zweite Colorado-Expedition, die eineinhalb Jahre dauerte und neben zahlreichen wissenschaftlichen Erkenntnissen die ersten Fotografien aus dem Canyon mitbrachte. Später wurde er zum Direktor des U. S. Geological Survey und außerdem zum Direktor des Bureau of Ethnology, einer 1879 zum Studium der Sprache und Kultur der Indianer gegründeten Institution, berufen.

Auf dem Colorado-Plateau erinnern an ihn der Lake Powell (den er gewiß verabscheut hätte), der Powell Point am South Rim des Grand Canyon und das Powell Plateau am North Rim.

Helmut Friedrich

Der amerikanische Südwesten ist auch in klimatischer Hinsicht eine Landschaft der Extreme: Heiße trockene Sommer wechseln mit kalten Wintern – so ist die Zufahrtsstraße zum Nordrand des Grand Canyon von Oktober bis April oder Mai wegen Schneeverwehungen gesperrt.

wieder mehr und bessere Möglichkeiten, im Canyon zu campen. Die Aktion dauerte eine Woche, dabei flossen etwa 800 Millionen Kubikmeter Wasser «ungenutzt» an den Turbinen vorbei. Wie der Innenminister der USA, Bruce Babbit, sagte, der die erste Schleuse öffnete, ging es dabei um «die Wiederherstellung einer der bestaunenswertesten und schönsten Plätze der Erde». Naturschützer befürchteten eine Schädigung des Forellenbestands im so plötzlich wieder schlammig gewordenen Wasser. Ihre Bedenken wurden aber beiseite getan, es sollten doch nur, wenn auch kurzfristig, die Bedingungen wieder hergestellt werden, wie sie vor dem Bau des Glen Canyon Dam herrschten.

Die Kosten des Großputzes wurden offiziell mit 6,7 Millionen Mark beziffert, darunter einige Millionen für entgangene Stromerzeugung. Viel Geld, aber immerhin, das noch wertvollere «Spülwasser» war nicht verloren: Es versammelte sich nahezu vollständig wieder im Lake Mead, um von dort aus weiter seine nützlichen Dienste für Stromerzeugung und Bewässerung zu tun.

Trailhead des Bright Angel Trail, der am zentral gelegenen Grand Canyon Village beginnt.

EINE WANDERUNG IN DIE ERDVERGANGENHEIT

Den Grand Canyon kann man auf recht unterschiedliche Weisen kennenlernen: Auf Kurzwanderungen aus dem Auto zu den Aussichtspunkten, im Sommer aus dem Shuttlebus, zu Fuß, auf dem Rücken eines Maultiers, mit einem Boot oder aus dem Flugzeug oder Helikopter.

In den Canyon hinabzuwandern ist sicher die beste Möglichkeit, ihre Klimazonen und die jeweilige Flora und Fauna aus der Nähe zu erleben. Zugleich bietet wohl nur ein solcher Marsch ausreichend Gelegenheit, zwei Milliarden Jahre Erdgeschichte bewußt wahrzunehmen. Denn

In der niederschlagsreichen Jahreszeit ist der Grand Canyon oft von einem Rand zum anderen mit Nebel gefüllt – «nicht einmal jene, die gegen jede Art von Hexerei immun sind, können sich der Kraft ihrer Magie entziehen», so der amerikanische Schriftsteller Edward Abbey über diese Schluchtenlandschaften.

soweit hinab, und das ist weltweit einzigartig, hat der Colorado die Schichten der Erdkruste geöffnet.

Die Vorführung der Erdgeschichte beginnt am Canyonrand: Schon die ersten Schritte führen den Besucher auf 225 Millionen Jahre altes Gestein, Ablagerungen eines uralten Ozeans, von dem dieses Gebiet einst bedeckt war. Ein Ozean in 2000 Meter Höhe? Aus geologischer Sicht kein Problem, sondern der Beweis für die erst vor zehn Millionen Jahren zum Abschluß gekommene Anhebung des Colorado-Plateaus. Im Lauf dieses Zeitraums wurde das ursprüngliche Tiefland um 3000 Meter angehoben, von denen bis heute allerdings bereits wieder 1500 Meter abgetragen sind. Aber: So kamen 225 Millionen Jahre alte Meeressedimente auf Bergeshöhe.

Welch weiten Weg in die Vergangenheit der Erde der Wanderer im Grand Canyon zurücklegt, macht eine einfache Überlegung deutlich: Rund 12 Kilometer lang ist der Weg vom South Rim bis zur Kaibab Suspension Bridge, an der die Gesteine über zwei Milliarden Jahre alt sind. Jeder einzelne Schritt überbrückt also etwa 100 000 Jahre Erdgeschichte.

Bis hinunter zu einem Wegpunkt rund 300 Meter über dem Colorado quert der Wanderweg eine Folge von zehn Sedimentschichten, von denen die ältesten aus dem Kambrium vor 550 Millionen Jahren stammen. Hierbei handelt es sich nicht nur um frühere Meeresablagerungen, sondern es finden sich auch Dünen- und Flußablagerungen – ein weiterer Beweis für die vielfältigen und dynamischen Vorgänge der geologischen Entwicklung. An dieser Stelle aber überbrückt ein einziger Schritt einen Zeitraum von 650 Millionen Jahren, denn hier folgen auf den 550 Millionen Jahre alten Tapeats-Sandstein übergangslos 1200 Millionen Jahre alte Granite und Gneisse. 650 Millionen Jahre Erdgeschichte, ein ehemals riesiges

Die bizarren Felsformationen im Grand Canyon beflügeln die Phantasie des Betrachters: Man entdeckt Türmchen und Pagoden, Pyramiden und Tempel ...

«Am Rande dieser ungeheuren Schlucht zu stehen, während ihr der Gott des Tages seine ersten Grüße entrichtet, heißt einen Moment lang für viele Jahre gewöhnlichen und ereignislosen Alltags entschädigt zu werden», waren die enthusiastischen Worte von John L. Stoddard, der im Jahr 1898 eine (damals noch strapaziöse) Reise zum Grand Canyon unternommen hatte.

Gebirge, wurde hier von der Erosion spurlos getilgt. Nur 300 Höhenmeter tiefer liegen weitere 800 Millionen Jahre Erdgeschichte überwunden hinter dem Wanderer; am Ufer des Colorado River wird am Wegesrand zwei Milliarden Jahre alter Vishnu-Schiefer, Überbleibsel eines uralten Gebirges, sichtbar.

Der Weg in den Abgrund gibt auch reichlich Gelegenheit, die Dimensionen der gewaltigen Schlucht besser zu verstehen als das vom Rand der Schlucht aus möglich ist. Unvermeidlich drängt sich die Frage auf: War es wirklich der von oben so unscheinbar, bei Lee's Ferry so träge wirkende Fluß, der diesen riesigen Canyon geschaffen hat, und das in «nur» vier bis zehn Millionen Jahren, wie die Geologen meinen?

Sich den Colorado als «Baumeister» des Grand Canyon vorzustellen, fiele leichter, könnte man noch die ungestüme Kraft und Gewalt des Flusses bei Hochwasser erleben, die heute der Glen Canyon Dam unterbindet. Vorstellbar oder auch nicht, es gibt keine andere Erklärung: Der Grand Canyon ist das Werk des Colorado und seiner Nebenflüsse. Ganz allein waren er und seine kleineren Helfer freilich nicht – die Schlucht müßte dann viel «sauberer gearbeitet» sein. Ihre bizarr zerrissene Form weist darauf hin, daß weitere Kräfte am Werk waren und besondere Umstände zu ihrer Entstehung beitrugen. Mit «Kräften» sind die Verwitterung freigelegter Gesteine, die Sprengkraft gefrierenden Wassers und die Schwerkraft, die vom Fluß geschaffene Böschungen abrutschen läßt, gemeint, mit «Umständen» die geologischen Gegebenheiten im Canyon wie Risse, Verwerfungen und unterschiedliche Härten der vergleichsweise weichen, brüchigen Gesteinsschichten, gute Ansatzpunkte für die Attacken des ungestümen und reißenden Flusses.

Mit anderen Worten: Nicht so sehr beharrliche Schleif- und Fräsarbeit des Flusses hat die große Schlucht geschaffen, sondern vor allem Erdrutsche und Bergstürze, die der Colorado und seine Nebenflüsse durch beharrliches Unterspülen ihrer Uferzonen auslösten und deren Geröllhalden sie dann wegspülten. Der Grand Canyon wurde vom Colorado also – verkürzt ausgedrückt – nicht «gegraben» oder gefräst, sondern ausgespült.

Fräsend, schleifend und sogar polierend ist der Colorado River erst tätig, seit er die harten Gneiss- und Schiefergesteine erreicht hat. Diese wird er unermüdlich weiter bearbeiten, zunächst noch mit verminderter Kraft, verstärkt dann wieder, wenn die heute seine Kraft schwächenden Dämme kein Hindernis mehr sein werden, so lange, bis vom Ausgang des Grand Canyon kein nennenswertes Gefälle mehr bis zum Golf von Kalifornien besteht. Wann es soweit sein wird? Wir werden es nicht erleben, aber in den Zeiteinheiten, mit denen die Geologen messen, schon morgen.

Geradezu überirdisch schön leuchtet dieser von Eiskristallen überzogene Baum in der Morgensonne. Ein Besuch des Grand Canyon im Winter vermittelt ganz andere, aber nicht minder faszinierende Eindrücke der großen Schlucht, die dann zudem sehr viel weniger überlaufen ist als im Sommer.

Eine «majestätische Ausdehnung von Zeit, Raum, Farbe, Licht, Schatten und Stille», so ein früher Reiseführer über den Grand Canyon.

Am North Rim: Durch die ständige Veränderung des Lichteinfalls erscheinen die Gesteinsschichten in immer neuen Farben.

GRAND CANYON: PLANEN · REISEN · GENIESSEN

INHALT

Für Maultierritte am South Rim des Grand Canyon muß man sich mindestens ein Jahr vorher anmelden!

DATEN · FAKTEN · ZAHLEN

Größe. Mit seiner Fläche von 4930 Quadratkilometern war der Grand Canyon National Park der zweitgrößte Nationalpark der USA (ohne Alaska) nach dem Yellowstone Park, bis er 1994 vom in den Status eines National Park erhobenem Death Valley auf den dritten Platz verdrängt wurde. Das Parkgebiet beginnt bei Lee's Ferry mit dem Marble Canyon und endet bei den Grand Wash Cliffs am Lake Mead an der Grenze zur Lake Mead National Recreation Area, gleichzeitig auch die Grenze zu Nevada.

Lage. Der Grand Canyon liegt im Norden von Arizona, das erst 1912 als 48. Bundesstaat in die Vereinigten Staaten aufgenommen wurde und noch bis 1848 zu Mexiko gehörte, rund 270 Kilometer oder drei Autostunden nördlich der Hauptstadt Phoenix und etwa 125 Kilometer nördlich von Flagstaff, einer Stadt mit 40 000 Einwohnern. Geographisch gehört die Schlucht zum Colorado-Plateau, das in Arizona, Colorado, New Mexico und Utah mit 377 000 Quadratkilometern etwas mehr als die Fläche der Bundesrepublik Deutschland umfaßt.

Geschichte des National Park. Beeindruckt von seinem Besuch des Grand Canyon im Jahr 1903 veranlaßte der amerikanische Präsident Theodore Roosevelt 1906 die Gründung der Grand Canyon Game Reserve und ließ dieses Gebiet 1908 dann zum Grand Canyon National Monument erklären. Präsident Woodrow Wilson unterzeichnete am 26. Februar 1912 ein Gesetz, mit dem bereits weite Teile des heutigen Parks zum National Park erklärt wurden.
1922 wurde der Nationalpark von Präsident Herbert C. Hoover um ein Stück Land im Westen erweitert, 1969 von Präsident Lyndon B. Johnson um den östlich der damaligen Parkgrenze gelegenen Marble Canyon.
Die heutigen Grenzen des Parks legte ein am 3. Januar 1979 von Präsident Gerald R. Ford unterzeichnetes Gesetz fest, in dem zum einen die angrenzenden National Monuments und Teile der Glen Canyon und Lake Mead National Recreation Areas hinzukamen, zum anderen 340 Quadratkilometer wieder abgetrennt wurden, um die Havasupai Indian Reservation zu vergrößern.

Neben dieser Karte des Grand Canyon mit allen wichtigen Sehenswürdigkeiten im Überblick finden Sie eine Detailkarte des Grand Canyon Village auf Seite 70, einen Querschnitt durch die Gesteinsschichten am North Rim auf Seite 73, eine Karte der Umgebung des Grand Canyon mit Routenvorschlägen auf Seite 83 und eine Detailkarte des Monument Valley auf Seite 87.

KLIMA UND REISEZEIT

Der Wüstenstaat Arizona erhält im Durchschnitt jährlich weniger als 250 Millimeter Niederschläge in Form von Regen und Schnee, nahezu gleich groß ist die Verdunstungsrate. In größeren Höhenlagen wie am Grand Canyon, vor allem am North Rim, liegen die Niederschlagswerte aber deutlich höher. Heftige Gewitterregen im Sommer und reichliche Schneefälle im Winter, letztere wesentlich ergiebiger am Nord- als am Südrand, sind die Lebensgrundlage von stattlichen Wäldern, die am North Rim durchaus alpines Format erreichen.

Der Südrand des Grand Canyon ist ganzjährig zugänglich, der Nordrand aber von Ende Oktober bis Mitte Mai für Autos gesperrt. Für Besucher, die nicht vorhaben, in die Schlucht hinabzusteigen oder -zureiten, sind alle Jahreszeiten geeignet, abgesehen von der Wintersperre am North Rim. Die Höhe der Canyonränder von über 2000 Metern über dem Meeresspiegel macht auch Hochsommertage erträglich.

Anders sieht es für Besucher aus, die in den Canyon hinunter wollen. Im Sommer erwarten sie dort Temperaturen bis 48 Grad Celsius, im Schatten wohlgemerkt, den es de facto kaum gibt. Für sportliche Aktivitäten wie Wandern, Reiten oder Rafting sind daher Frühjahr und Herbst vorzuziehen.

Wer es sich einrichten kann, sollte Besuche während der amerikanischen Schulferien vermeiden. Dann ist der Andrang sehr groß und ohne langfristige Vorbestellung keine Unterkunft, auch nicht auf dem Campingplatz, zu bekommen. Das gleiche gilt für wichtige Feiertage (siehe Seite 71).

AUSKUNFT

In deutschsprachigen Ländern. Das *Fremdenverkehrsamt der USA* in Frankfurt hat seine Tätigkeit eingestellt; allgemeine Auskünfte erteilen alle Reisebüros.

In den USA. Auskünfte können von folgenden Adressen erbeten werden, wobei man bei schriftlichen Anfragen bis zu vier Wochen auf die Antwort warten muß und auch spezielle Fragen oft nur mit Standard-Druckschriften beschieden werden.

Arizona Office of Tourism, 1100 W. Washington, Phoenix, Arizona 85007, Tel. 001/602/542/4003, Fax 001/692/542/4068.

Superintendent Grand Canyon National Park, Grand Canyon, Arizona 86023, P. O. Box 129, Tel. 001/602/638/7888.

Diese Adresse ist auch die Anlaufstelle für die nötige Erlaubnis zur Wanderung in den Grand Canyon mit dortiger Übernachtung *(biking permit).*

Vor Ort. Hier sind wesentlich detailliertere Informationen zu bekommen. Alles Wissenswerte über den Grand Canyon vermittelt das *Visitor Center* im Grand Canyon Village am South Rim. Hier kann man Schautafeln, Dioramen, Dia- und Filmvorführungen sehen sowie geologische und topographische Karten und Literatur in einer ungeahnten Vielfalt anschauen und kaufen. Nahebei liegt das *Yavapai Point Museum*, das interessante Ausstellungen zur Geologie

WAS ZÄHLT IN DEN USA:

Maße und Zahlen auf einen Blick

Zeit

Der Grand Canyon gehört zur Zeitzone Mountain Standard Time; Mitteleuropa ist dem Grand Canyon acht Stunden voraus.

Maße

1 inch = 2,5 Zentimeter	1 pint = ca. 0,5 Liter
1 foot = ca. 30 Zentimeter	1 quart = ca. 0,95 Liter
1 yard = ca. 91 Zentimeter	1 gallon (Benzin) = ca. 3,8 Liter
1 mile = ca. 1,6 Kilometer	1 pound = ca. 450 Gramm

In den USA werden die Maße auf das metrische System umgestellt, derzeit sind beide Systeme in Gebrauch.

Elektrizität

Die Netzspannung beträgt überall in den USA 110 Volt; deutsche Stecker passen nicht, man braucht einen Adapter.

Geld

Ein Dollar hat 100 Cent. Münzen gibt es zu 1 Cent, 5 Cent (Nickel), 10 Cent (Dime), 25 Cent (Quarter) und 50 Cent (Half Dollar). Sämtliche Dollarnoten sind gleich groß und grüngrau, also leicht verwechselbar. Größere Beträge werden in den USA fast immer mit Kreditkarte bezahlt.

Kleidergrößen

Anzüge	US	36	38	40	42	44	46	48		
	D	46	48	50	52	54	56	58		
Hemden	US	14	14,5	15	15,5	16	16,5	17	17,5	18
	D	36	37	38	39	40	41	42	43	44
Kleider	US	28	30	32	34	36	38	40	42	
	D	36	38	40	42	44	46	48	50	
Schuhe	US	5,5	6	7	7,5	8,5	9	9,5	11	12,5
	D	36	37	38	39	40	41	42	44	46

Temperatur

°F	°C
110	43,4
100	37,8
90	32,3
80	26,7
70	21,2
60	15,6
50	10,0
40	4,5
32	0
30	-1,2
20	- 6,7
10	-12,3
0	-17,8

Telefonieren

Telefonnummern in den USA bestehen aus einem dreistelligen *Area Code* und einer siebenstelligen Rufnummer. Für internationale Gespräche wählt man die Kennzahl des Landes (01149 für Deutschland, 01143 für Österreich, 01141 für die Schweiz). Nicht immer kann man direkt wählen, oft muß der Operator vermitteln (0 wählen).

Klima

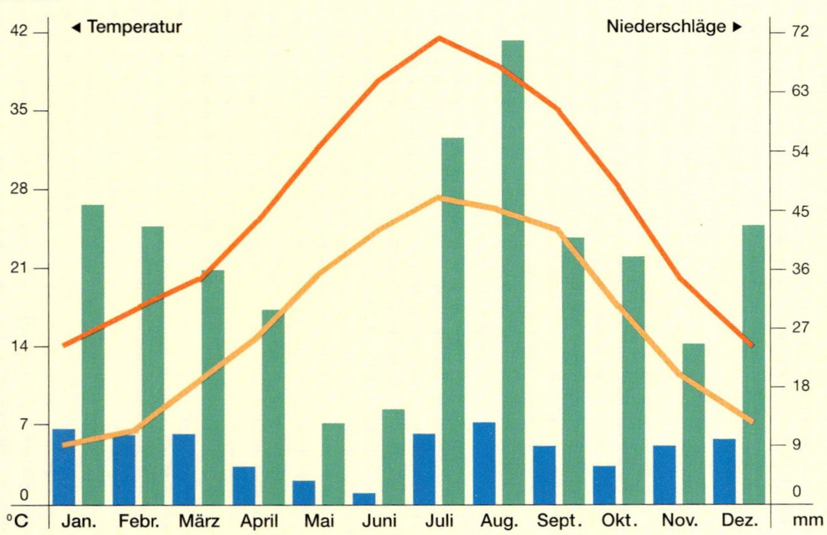

Durchschnittl. Tageshöchsttemperaturen (°C): Las Vegas, Flagstaff
Durchschnittliche Niederschläge (mm): Las Vegas, Flagstaff

Auch wenn die Aussichtspunkte am South und North Rim grandiose Eindrücke bieten – wer den Grand Canyon näher kennenlernen will, sollte auf einem der Trails in die Schlucht hinabwandern (oben) oder an einer Schlauchbootfahrt auf dem Colorado teilnehmen (unten). Mehrtägige Bootstouren beinhalten auch oft Ausflüge in fast unbekannte Seitencanyons und zu einzigartigen Plätzen wie Vasey's Paradise (Mitte), den Major Powell nach seinem Freund und Botaniker Dr. George Vasey benannte: Durch aus den Felsen hervortretendes Sickerwasser ist hier inmitten der Steinwüste eine blühende Wildnis mit Moosen, Farnen, verschiedenen Sträuchern und Bäumen entstanden.

der großen Schlucht und durch seine Panoramafenster einen großartigen Blick in den Canyon bietet. Kleiner als am South Rim ist das *Visitor Center* im Foyer der «Grand Canyon Lodge» am North Rim, aber dennoch durchaus besuchenswert.
Ratschläge zu Ausflügen und Wanderungen in entlegenere Gebiete und abseits der viel begangenen Wege gibt das Bureau of Land Management (BLM). Diese Behörde ist für die Verwaltung der *Public Lands* zuständig, des Landes also, das dem Staat gehört und nicht genutzt wird. Für die nahe dem Grand Canyon in Utah gelegenen Gebiete wie Paria Canyon oder Buckskin Gulch ist zuständig: Bureau of Land Management, Kanab Resource Area, 318 North First East, Kanab, Utah 84741, Tel. 001/801/644/2672.

ANREISE

Die dem Grand Canyon nächstgelegenen «internationalen» Flugplätze sind Phoenix, (Arizona) und Las Vegas (Nevada). Nonstop-Linienflüge gibt es zur Zeit noch zu keinem dieser Ziele, nach Las Vegas aber relativ preiswerte Charterflüge.
Die Wahl des Zielflughafens hängt aber nicht nur von Vorlieben für Linie oder Charter ab, eine wichtige Rolle wird auch spielen, welche anderen Reiseziele außer dem Grand Canyon noch auf dem Programm stehen. Für Reisende, die das Umsteigen auf inneramerikanischen Flugplätzen scheuen – das Gepäck muß, meist unter dem Zeitdruck der Anschlußverbindung, entzollt und dann neu aufgegeben werden – könnte somit auch Los Angeles ein annehmbares Flugziel sein. Dort kommt man mit Linie um die Mittagszeit an und kann je nach Befindlichkeit ins Hotelbett sinken oder seinen vorgebuchten Wagen übernehmen und noch ein Stück fahren.
Für die Einreise in die USA ist für Deutsche, Österreicher und Schweizer seit einigen Jahren kein Visum mehr erforderlich, der Reisepaß genügt. Neue Kurzzeit-Visa werden deswegen nicht mehr ausgestellt, die früher erteilten *indefinitely* gültigen Visa werden bei erneuter Einreise *revoked*.

Vor Beginn eines Maultierritts weist ein erfahrener Führer die Teilnehmer kurz in den Umgang mit den (nervenstarken) Tieren ein.

Der Grand Canyon National Park hat drei Zugänge, besser gesagt Zufahrten: Zum Südrand kommt man vom zentral gelegenen Grand Canyon Village und vom östlichen Desert View, zum Nordrand führt eine Straße über Jacob Lake. Die Einfahrt in den Park kostet pro Pkw oder Wohnwagen, unabhängig von der Zahl der Insassen, zehn Dollar. Das Eintrittsticket ist für beliebig viele Fahrten in den Park eine Woche lang gültig. Stehen auf dem Reiseprogramm auch noch andere National Parks und Monuments, lohnt sich der «Golden Eagle Pass». Für 25 Dollar ermöglicht er den unbegrenzten Zugang zu diesen Schutzgebieten innerhalb eines Kalenderjahres.

FORTBEWEGUNG

Amtrak und Greyhound bedienen Flagstaff und Williams, von dort gibt es eine weitere Busverbindung zum Grand Canyon Village. Von Williams verkehrt auch täglich ein nostalgischer Luxuszug zum Grand Canyon. Die bequemste Art, zum Grand Canyon zu kommen, ist allerdings sicherlich ein Mietfahrzeug, sei es ein Pkw, ein Wohnmobil oder auch ein Motorrad. Pkw-Mieter sollten wissen, daß die Kofferräume amerikanischer Autos meist knapper geschneidert sind als in äußerlich gleich großen europäischen Autos. Die Mietkosten sind auch für große Pkw recht günstig. Außerdem kann nur ein größerer, leise dahingleitender Wagen das den leeren Straßen im Westen der USA angemessene Highway-Feeling vermitteln.

Eine Park Rangerin informiert Gäste des «El Tovar Hotel» über Geschichte, Geologie sowie Flora und Fauna des Grand Canyon.

Ein Wanderer auf dem Rim Trail am Südrand hält einen der vielen atemberaubenden Ausblicke mit der Kamera fest.

MIT DEM MIETWAGEN UNTERWEGS

Zum Mieten eines Wagens genügt der nationale Führerschein, das Mindestalter des Fahrers beträgt 21 Jahre. Ist der Fahrer jünger als 25, verlangen viele Firmen eine zusätzliche Gebühr. Obwohl es in allen größeren Städten (vor allem in Flughäfen und Hotels) Mietwagenfirmen gibt, empfiehlt es sich dringend, den Wagen schon zu Hause zu buchen: Die Angebote sind generell günstiger, und zudem sind fast immer Haftpflicht- und die (in den USA teure) Vollkaskoversicherung sowie eine unbegrenzte Meilenzahl im Preis inbegriffen. Achtung: Viele Firmen berechnen einen Aufpreis («Drop-off-Charge»), wenn man den Wagen nicht am Ausgangspunkt abgibt. Ein Staatenwechsel innerhalb der USA ist problemlos; wer allerdings mit seinem Mietwagen nach Mexiko oder Kanada fahren möchte, braucht dazu eine schriftliche Genehmigung der Verleihfirma.
Wenn Sie nicht – wie üblich – mit Kreditkarte bezahlen, müssen Sie auf jeden Fall eine größere Geldsumme als Kaution hinterlegen. Bei der Übernahme des Wagens sollte man sich kurz einweisen lassen. Das Straßennetz ist meist sehr gut ausgebaut und klar beschildert, es gibt Interstate Highways (Autobahnen), US-Highways (Fernstraßen) und State Highways (Landstraßen). Die Verkehrsregeln entsprechen weitgehend den europäischen; auffälligster Unterschied: Das Rechtsabbiegen an roten Ampeln ist erlaubt. Die Höchstgeschwindigkeit beträgt innerhalb von Ortschaften meist 30 Meilen pro Stunde (48 km/h). Das generelle Tempolimit von 55 Meilen (89 km/h) auf State Highways wurde 1995 aufgehoben; je nach der individuellen bundesstaatlichen Regelung sind nun bis zu 75 Meilen (121 km/h) erlaubt. Insgesamt ist das Autofahren in den USA sehr viel angenehmer und entspannter als in Europa.

ÜBERNACHTUNGS-MÖGLICHKEITEN

Hotels. Die Zahl der Hotels am South und North Rim spiegelt in etwa das Verhältnis der Besucherzahlen beidseits der großen Schlucht wider. Nahe am South Rim stehen im Grand Canyon Village die Hotels bzw. Lodges »El Tovar«, (die erste Adresse am Platz), »Kachina Lodge«, »Thunderbird Lodge« und »Bright Angel Lodge«. Etwas zurückgesetzt vom Abgrund finden sich die Lodges »Old Yavapai«, »New Yavapai« und »Maswik«. Am North Rim gibt es dagegen nur ein Hotel, die »Grand Canyon Lodge«, dafür aber in unvergleichlicher Lage direkt am Abgrund. Für Reservierungen in allen Hotels am Südrand inklusive der »Phantom Ranch« am Canyongrund wendet man sich so früh wie möglich an: Grand Canyon National Park Lodges, P.O. Box 699, Grand Canyon, Arizona 86023, Tel. 001/602/638/2401, für die »Grand Canyon Lodge« am North Rim an: TW Recreational Services, P.O. Box 400, Cedar City, Utah 84720, Tel. 001/602/586/7686.

Inhaber von Major Credit Cards, wie Euro/Mastercard, Visa, American Express, können telefonisch reservieren. Dabei sind Aussteller der Kreditkarte, Kartennummer und deren Gültigkeitsdauer *(expiration date)* zu nennen. Die Reservierung gilt normalerweise für Ankunft im Hotel bis 18 Uhr. Wenn mit einer späteren Ankunft zu rechnen ist, sollte eine *guaranteed reservation* vereinbart werden. Das gebuchte Zimmer bleibt dann die ganze Nacht verfügbar, bei Nichterscheinen wird aber folgerichtig der volle Übernachtungspreis vom Kreditkartenkonto abgebucht. Um sicher zu gehen, sollte man sich den Reservierungs-Code nennen lassen und notieren. Was leider oft nicht klappt, aber einen Versuch wert ist: Ein Zimmer mit Canyonblick zu verlangen.

Eine Sonderstellung unter den Hotels im Grand Canyon National Park nimmt die »Phantom Ranch« am Nordufer des Colorado River, jenseits der Kaibab-Brücke, ein. Hier werden Matratzenlager und Cabins (kleine Hütten) für bis zu vier Personen angeboten. Unterkunft und Mahlzeiten müssen allerdings auch hier möglichst früh, mindestens sechs Monate im voraus, reserviert werden.

1

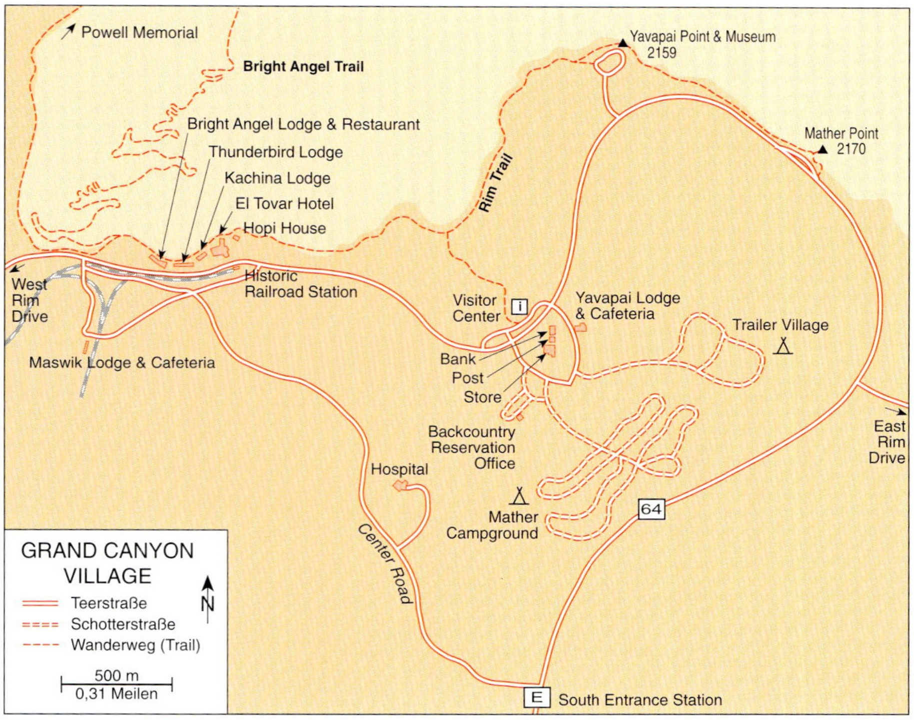

DER GRAND CANYON IN ZAHLEN

Der Grand Canyon ist 446 Kilometer lang und zwischen 6,5 und 29 Kilometer (im Durchschnitt 14,5 km) breit. Am Mather Point, South Rim, geht es 1380 Meter in die Tiefe, an der »Grand Canyon Lodge«, North Rim, 1750 Meter. Mather Point am South Rim liegt 2130 Meter über dem Meer, der North Rim steigt dagegen bis 2500 Meter auf. Diese 370 Meter Höhendifferenz sind ausschlaggebend für die unterschiedlichen klimatischen Bedingungen und die spezifische Vegetation am Nord- bzw. Südrand der Schlucht. Zwischen Lee's Ferry (950 m) und dem Lake Mead (372 m) fällt der Colorado um 578 Meter. Diese Höhendifferenz arbeitet er vor allem in seinen siebzig größeren, bis zu 10 Meter abfallenden, Stromschnellen ab. Jährlich kommen über vier Millionen Besucher zum Grand Canyon. Neunzig Prozent beschränken sich allerdings auf eine Besichtigungstour entlang des Canyonrands; etwa 250 000 steigen jedes Jahr zum Colorado River hinab, und rund 20 000 bezwingen jährlich den Fluß mit Booten.

1 und 2 **Das 1905 erbaute exklusive »El Tovar Hotel« gilt als das schönste Hotel am Grand Canyon. Von einigen der knapp achtzig Zimmer hat man einen spektakulären Blick in die Tiefe.**

3 **Weniger komfortabel, aber dafür garantiert mit grandiosem Ausblick: der Campingplatz am Toroweap Overlook.**

4 **Die im Blockhaus-Stil erbaute »Grand Canyon Lodge« am North Rim liegt direkt am Abgrund. Auch wer kein Zimmer mehr bekommen hat, kann hier gut speisen und auf den Terrassen die wunderschöne Aussicht genießen.**

2

3

4

Camping. Fünf Campingplätze, *Campgrounds*, gibt es im Grand Canyon National Park, den «North Rim Campground» (geöffnet von Mai bis Oktober) nahe der «Grand Canyon Lodge», zwei andere, «Mather Campground» und «Trailer Village» (speziell für Campingfahrzeuge angelegt), im Grand Canyon Village, einen weiteren bei Desert View am South Rim und den «Bright Angel Campground» am Colorado. Der Campingplatz «Desert View» funktioniert nach dem Prinzip: «First come – first served», die anderen können und sollten vorbestellt werden: Ticketron, P. O. Box 62429, Virginia Beach, Virginia 23462, Tel. 001 / 900 / 370 / 55 66.
Außerhalb des Parks gibt es einige einfachere Campingplätze ohne Strom-, Wasser- und Abwasseranschlüsse, etwa am Nordrand bei De Motte und Jacob Lake, am Südrand den «Ten-X» bei Tusayan.

5

5 **Nur äußerst gut trainierte Wanderer schaffen den Weg zum Colorado River und zurück an einem Tag. Sehr viel besser ist es, diese Tour auf zwei Tage zu verteilen und die Nacht in der idyllisch gelegenen «Phantom Ranch» zu verbringen. Mit einem entsprechenden Permit kann man hier auch sein Zelt aufschlagen.**

Außerhalb des National Park gibt es im 10 Kilometer südlich vom South Rim gelegenen Tusayan, Arizona 86023, weitere Hotels, Motels und Lodges, wie die «Moqui Lodge» (Fred Harvey Company), ein «Quality Inn» (P. O. Box 520) und das «Best Western Grand Canyon Squire Inn» (P. O. Box 130). Sollte am Canyonrand alles belegt sein, kann man einen letzten Versuch im «Cameron Trading Post Motel» bei Cameron machen (Tel. 001 / 602 / 679 / 22 31), sonst wird nichts anderes übrig bleiben, als nach Williams oder Flagstaff auszuweichen, 90 bzw. 125 Kilometer vom South Rim entfernt. Trotz der Nähe zum Grand Canyon findet man in Flagstaff – bedingt durch die Vielzahl an Motels – relativ preiswerte Unterkünfte; dort gibt es auch zwei Jugendherbergen.

ESSEN UND TRINKEN

Feinschmeckerlokale fehlen am Grand Canyon, aber fast alle der genannten Hotels und Lodges bieten «gutbürgerliche» Küche, das heißt hier vor allem Burgers und Fish'n Chips. Eine Ausnahme bildet das elegante Restaurant im «El Tovar», wo man in stilvoller Atmosphäre gut (und teuer) ißt. Die meisten der Restaurants sind lizensiert, dürfen also auch Bier und Wein servieren.
Lunch (von den meisten Besuchern sowieso lieber auf einem der Picknickplätze eingenommen) und Dinner im Restaurant befriedigen den Besucher aus Mitteleuropa vielleicht nicht immer, aber umso mehr das kräftige und üppige amerikanische Frühstück mit Schinken, Eiern und Toast.

EINKAUFEN UND SOUVENIRS

Für Einkäufe des täglichen Bedarfs bieten sich in erster Linie die auch in Kleinstädten riesigen, aber dank der klaren Beschilderung sehr übersichtlichen *Supermarkets* an. In Arizona gibt es dort auch Alkoholika. Schwierig wird es mit herzhaftem Schwarzbrot, wie es der Mitteleuropäer kennt und liebt; US-Amerikaner dagegen mögen ihr Brot *fluffy*, weich, elastisch und weiß. Für Reisende, die sich damit nicht anfreunden wollen, gibt es knäckebrotähnliches amerikanisches *Crisp Bread*, gelegentlich sogar original schwedisches Knäckebrot.
Der Grand Canyon grenzt an Indianerland. Wer Gefallen am handwerklichen Können der Indianer findet, kann an vielen Ständen am Straßenrand und an Aussichtspunkten *handmade jewelry* erstehen, das ist hauptsächlich silbergefaßter Türkisschmuck. Aber gut hinschauen, um nicht ein Produkt «Made in Taiwan» zu erstehen. Auch *Pottery* (Töpferware) wird hier angeboten, seltener *Sand Paintings*, kunstvoll aus farbigen Sanden geschichtete Landschaften in Gläsern. Ein ebenso ungewöhnliches wie reizvolles Souvenir ist der vor allem in Kanab erhältliche *Kanab Wonderstone*, zu Platten gesägter Sandstein mit einer Art Marmorierung, die an abstrakte Landschaften erinnert. Daher lautet ein anderer Name für diese kleinen Naturwunder auch «Landschaftsstein».
Wer sich für indianische Malerei oder anspruchsvolleres Kunsthandwerk wie Teppiche, Webereien oder Schnitzarbeiten wie die bunt bemalten Kachina-Figuren der Hopi interessiert, sollte eine Art Gallery besuchen, zum Beispiel in Flagstaff. Auch der Hubbell Trading Post bei Ganado verfügt über ein schönes Sortiment; für Stücke bis hin zur Museumsqualität ist aber Santa Fe in New Mexico die erste Adresse.

FEIERTAGE

Bei der Reiseplanung sollte man auch die Feiertage am Urlaubsziel bedenken, sind doch an diesen Tagen viele Amerikaner, die sich mit wesentlich weniger Urlaubstagen begnügen müssen als Mitteleuropäer, mit Kind und Kegel unterwegs.
Gesetzliche Feiertage sind Neujahr, Martin Luther King's Birthday (3. Montag im Januar), President's Day (3. Montag im Februar), Memorial Day (letzter Montag im Mai), Independence Day (4. Juli), Labor Day (1. Montag im September), Veteran's Day (11. November), Thanksgiving Day (4. Donnerstag im November) und Weihnachten (nur der 25. Dezember). Auch Ostern sollte bei der Planung bedacht werden, denn dann haben (die Woche vor Ostern) die öffentlichen Schulen und (die Woche danach) die privaten Schulen Ferien.

Fortsetzung Seite 74

AUF DEM WEG IN DIE TIEFE

Wanderungen zum Colorado River

Jährlich wandern mehr als 250 000 Menschen zum Colorado hinab und beweisen, daß diese Tour keinesfalls nur Extremsportlern vorbehalten ist. Angemessene Ausrüstung und eine den (realistisch geschätzten) eigenen Kräften angepaßte Tourenplanung sind allerdings unabdingbar.

1

Einen besseren Weg, Geologie, Fauna und Flora des Grand Canyon kennenzulernen, als eine Wanderung hinunter zur Talsohle, gibt es nicht. Vor der anstrengenden Tour gilt es aber, gut zu planen.

Eine Durchquerung der Schlucht sollte am North Rim beginnen, denn auf diesem Weg sind zum South Rim 400 Höhenmeter weniger zu überwinden als in umgekehrter Richtung. 400 Höhenmeter sind für einen einigermaßen trainierten Bergsteiger immerhin gut eine Stunde Gehzeit. Neben hervorragender körperlicher Verfassung erfordert die Durchquerung des Grand Canyon auch organisatorischen Aufwand, denn vom Nordrand zum Südrand sind auf dem Wanderweg »nur« 33 Kilometer, mit dem Auto aber 345 Kilometer zurückzulegen. Wer keinen geduldigen Begleiter mit Auto hat, der einen zum Ausgangspunkt der Wanderung zurückbringt, kann für den Rücktransport auch den Trans Canyon Van Service in Anspruch nehmen.

Einfacher zu organisieren, aber mit weniger Erlebnis- und Renommierwert, ist der Hin- und Rückweg von einem der Canyon-

2

1 Die Wanderung auf dem South Kaibab Trail führt durch urweltlich anmutende Landschaften immer tiefer in die Vergangenheit der Erde.

2 Der South Kaibab Trail ist ein steiler, 11 Kilometer langer Zickzackweg, auf dem es unterwegs weder Wasser noch Schatten gibt. Früher führten über vierzig Pfade in den Canyon, die von Indianern, Goldsuchern oder den Minenarbeitern angelegt wurden. Heute werden von der Parkverwaltung nur noch der Bright Angel Trail und der Kaibab Trail unterhalten.

3 Querschnitt durch die Gesteinsschichten am North Rim.

4 Weil der Bright Angel Trail weniger steil und etwas breiter ist als der South Kaibab Trail, wird er auch von Maultierkarawanen begangen. Bei «Gegenverkehr» gilt grundsätzlich die Regel, daß die Tiere an der Bergseite bleiben dürfen und die Wanderer ausweichen müssen!

5 Eine blühende Opuntie am Wegesrand.

6 Auch Agaven können durch ihre Fähigkeit, Wasser in den fleischigen Blättern zu speichern, in extrem trockenen Felswüsten überleben.

ränder. Vom North Rim führt der North Kaibab Trail rund 22 Kilometer lang hinab in den Canyongrund. Dort kann man in der «Phantom Ranch» oder auf dem «Bright Angel Campground» übernachten, aber nur, wer reserviert hat, in der Regel sechs Monate vorher. Für jede Wanderung in den Grand Canyon, die eine Übernachtung vorsieht, ist ein Permit unabdingbar, das ebenfalls rechtzeitig, drei bis sechs Monate vorher, besorgt werden sollte.

Vom Südrand führen zwei Wege hinab, der Bright Angel Trail und der South Kaibab Trail, deren Vor- und Nachteile gegeneinander abzuwägen sind:

Der Bright Angel Trail beginnt nahe dem zentral gelegenen Grand Canyon Village; dort sind auch Langzeit-Parkplätze vorhanden. Mit einer durchschnittlichen Breite von eineinhalb Metern ist er besser ausgebaut als der zweite Weg, der Kaibab Trail. Er ist zwar mit 12,5 Kilometern um eineinhalb Kilometer länger, dafür sind aber bis zur Kaibab-Hängebrücke rund 100 Höhenmeter weniger zu überwinden – der Bright Angel ist also weniger steil als der Kaibab Trail, was sich vor allem beim Aufstieg angenehm bemerkbar macht. Allerdings wird aus dem gleichen Grund dieser Weg auch von den Maultierkarawanen begangen. Unangenehm kann die Begegnung mit ihnen dann werden, wenn sie an einem in den Steilhang geschnittenen Wegstück stattfindet. Es gilt nämlich die Regel, daß die Tiere mit ihren Reitern an der Bergseite bleiben

4

dürfen, der Fußwanderer also direkt am Abgrund gehen oder stehen muß und hoffen, daß nicht eines der Maultiere einen unbedachten Schritt zur Seite tut.

3

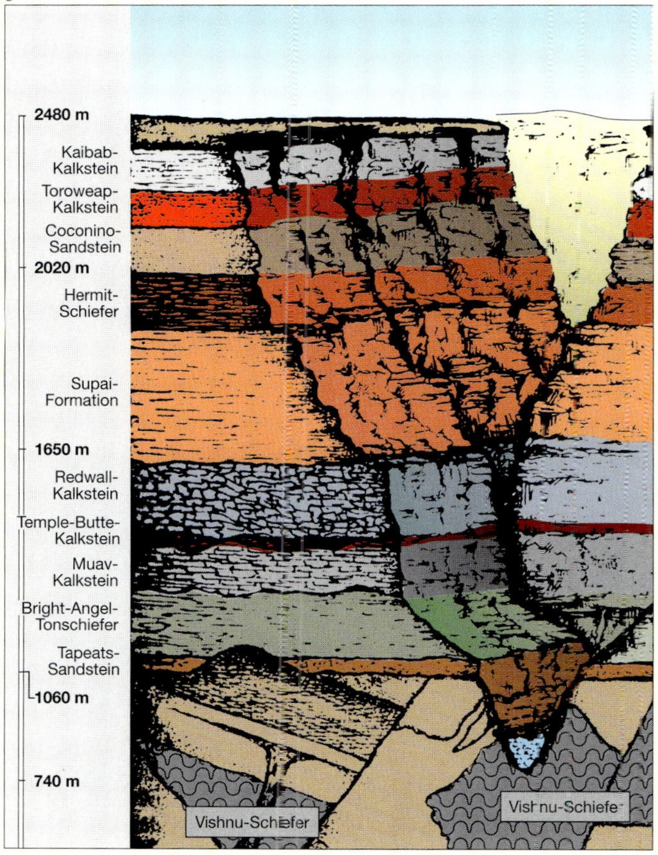

Für Wandergruppen, die mit zwei Autos unterwegs sind und je ein Auto an einem der Trailheads parken können, empfiehlt es sich deshalb, für den Abstieg den steileren, trockenen und «maultierfreien» South Kaibab Trail zu nehmen, für den Rückweg jedoch den Bright Angel Trail, an dem es gelegentlich Schatten und auch Wasser gibt.

Wieviel Zeit muß man für den Weg hinunter und zurück oder für die Durchquerung des Canyons rechnen? Das kommt ganz auf die Kondition des Wanderers an. Der Rekord für die Durchwanderung auf dem Kaibab Trail steht bei knapp vier Stunden, eine für 33 Kilometer und insgesamt 3210 Höhenmeter nahezu unvorstellbare Leistung. Bestens durchtrainierte Wanderer können, wenn sie sehr früh aufbrechen, den Weg zum Fluß und zurück an einem Tag bewältigen. Zum Verweilen und Fotografieren bleibt dann wenig Zeit. Eingedenk der Todesfälle infolge Überanstrengung warnt die Parkverwaltung eindringlich vor eintägigen Wanderungen! Besser also, Hin- und Rückweg auf zwei oder drei Tage zu verteilen. Biwakplätze auf halber Strecke sind vorhanden. Dennoch lohnt sich der Aufwand, denn der Abstieg in den Canyon (und vor allem der mühsame Wiederaufstieg) sind unvergeßliche Erlebnisse! *Helmut Friedrich*

5

6

SPORTLICHE AKTIVITÄTEN

Wandern. Von den insgesamt 19 Wanderwegen in den Grand Canyon werden nur der *Bright Angel Trail* und der *Kaibab Trail* von der Parkverwaltung ständig unterhalten. Der 12,5 Kilometer lange Bright Angel Trail beginnt in der Nähe des Grand Canyon Village und führt zur 1370 Meter tiefer gelegenen «Phantom Ranch» am Nordufer des Colorado River, den die im Jahr 1907 unter großen Schwierigkeiten erbaute Kaibab-Hängebrücke (Kaibab Suspension Bridge) überspannt.

Backpackers, Rucksackwanderer, auf dem Bright Angel Trail, dem am besten ausgebauten Weg im Grand Canyon.

Der steilere *South Kaibab Trail* geht vom Yaki Point aus, rund 7 Kilometer östlich des Grand Canyon Village, und erreicht nach etwa 11 Kilometern die von diesem Ausgangspunkt gemessen 1460 Meter tiefer liegende Hängebrücke. Dann führt der *North Kaibab Trail* 22 Kilometer weit und 1750 Meter hoch zur «Grand Canyon Lodge» am North Rim. Der Kaibab Trail ist der einzige Weg, der den Grand Canyon durchquert.

Wer Höhenunterschieden von eineinhalb Kilometern eher skeptisch gegenübersteht und trotzdem wandern möchte, für den könnte der *Rim Trail* der richtige Weg sein. Dieser Pfad führt am South Rim nahezu eben vom Yavapai Point bis Hermits Rest, eine Strecke von 14,5 Kilometern. Weitgehend eben ist auch der nach einem schwedischen Maler benannte *Widforss Trail* am North Rim. Er führt 8 Kilometer an einem Transept genannten Seitencanyon entlang durch herrliche Wälder zum Widforss Point (2403 m), von dem sich ein schöner Blick in den großen Canyon bietet. Für die Rim-Wanderungen ist kein Permit erforderlich. Besonders ambitionierte Wanderer mögen sich vom *Tonto Trail* angezogen fühlen, einem Weg von 115 Kilometer Länge auf dem Tonto-Plateau oberhalb der Inner Gorge, auf dem es kaum Schatten und Wasser gibt.

Auskünfte zu diesem und anderen Wegen gibt das Backcountry Reservation Office, P. O. Box 129, Grand Canyon, Arizona 86023, Tel. 001 / 602 / 638 / 24 74.

Die nicht mehr unterhaltenen Trails können streckenweise nicht nur schwierig, sondern auch gefährlich sein. Wie für die gewarteten Wege besteht auch hier strikte Anmeldepflicht. Dabei ist nachzuweisen, den Kaibab oder Bright Angel Trail schon einmal begangen zu haben, und es muß ein Zeitplan für das Wandervorhaben mit genauer Angabe der geplanten Rückkehr vorgelegt werden. Für erfahrene Wanderer, die die Hauptrouten in die große Schlucht bereits kennen, sind diese Trails besonders reizvoll, da sie eine Fülle neuer Eindrücke bieten. Einige führen an aufgelassenen Kupfer-, Silber-, Asbest-, Blei-, sogar Platinminen vorbei, von denen keine jemals wirklich rentabel war – kein Wunder bei dem mühsamen Transport der Erze aus dem Canyon. Leidlich ertragreich war nur der Abbau von Fledermaus-Guano aus einer riesigen Höhle im Westen des Grand Canyon, für den eine der längsten Seilbahnen der Welt gebaut wurde. Reste dieser Bahn sind noch zu sehen.

Reiten. Kein Zweifel, Reiten ist weniger anstrengend als die gleiche Strecke zu Fuß gehen, aber als «mühelos» sollte sich keiner einen Ritt in und aus dem Canyon vorstellen. Zu bedenken ist auch, daß der Bright Angel Trail zuweilen knapp an entsetzlichen

Ritt auf wilden Wassern – River Rafting auf dem Colorado.

Vorbei an schwindelerregenden Abgründen: Maultierreiter am South Kaibab Trail.

Abgründen entlang führt, was nicht schwindelfreien Personen oder Reitern mit wenig Vertrauen in die (trittsicheren) Maultiere das Landschaftserlebnis vergällen kann.

RETTUNG BEI VORAUSKASSE

Wanderer, die in den Grand Canyon hinabsteigen und dort übernachten wollen, benötigen eine Wandererlaubnis (Permit), die im Backcountry Reservation Office kostenlos erteilt wird. Bedingung ist allerdings, daß die Ausrüstung den Anforderungen genügt. Am wichtigsten ist dabei die Größe der mitgeführten Wasserflasche(n) – das Minimum ist eine Gallone, rund 4 Liter, pro Person und Tag. Diese zunächst vielleicht übertrieben wirkende Angabe wird verständlich, wenn man weiß, daß der Mensch in der extrem trockenen Hitze der Canyonwüste an einem Tag bis zu 8 Liter Wasser ausschwitzt.

Die Rangers im Reservation Office sind zwar gehalten, Wanderwilligen, die erkennbar nicht über die nötige Kondition oder Konstitution verfügen, ihr Vorhaben auszureden, verbieten können sie es nicht! Das wäre Diskriminierung, das wäre nicht «pc» *(politically correct)*.

So fordert Überanstrengung jedes Jahr Todesopfer. Gottlob trifft nicht alle vom Aufstieg aus dem Canyon überforderten Wanderer dieses Schicksal. Die meisten schaffen es, sich zu einem Schattenplatz zu schleppen und von dort aus Hilfe zu erbitten, zum Beispiel durch eine Botschaft, die ein vorbeikommender rüstiger Aufsteiger mitnimmt. Auf Handys ist in der tiefen Schlucht dagegen kein Verlaß. Die angeforderte Hilfe kommt dann in Gestalt von zwei Maultieren und ihrem Führer. Für die «Rettung» des erschöpften Wanderers wird Vorauskasse erwartet, nachdem manche Gerettete sich später als zahlungsunfähig erklärten. Daß eine solche Rettungsaktion nicht billig sein kann, liegt auf der Hand. Noch teurer käme das Ausfliegen mit dem Hubschrauber, was aber nur in echten Notfällen, bei schweren Verletzungen etwa, die schnelle ärztliche Versorgung erfordern, erlaubt wird.

Rund 750 Meter erheben sich die beinahe senkrechten Felswände des Marble Canyon, wie der Teil des Grand Canyon südlich von Lee's Ferry genannt wird. Im Lauf der Zeit wurde hier der Redwall-Kalkstein durch den Fluß so glatt geschliffen, daß er den Erstbefahrer Major Powell an Marmor erinnerte – daher der Name.

Im Herbst gehören die prächtig gefärbten Espen, hier bei Vista Encantadora, zu den Hauptattraktionen am North Rim.

Ein Wintertag am North Rim: Die Schneedecke läßt die gewaltigen Felsmonolithe und Grate, Steilabhänge und Felsstufen besonders plastisch hervortreten.

1 Diese wilden Esel, auch Burros genannt, sind die Nachkommen jener Tiere, die einst von den Minenarbeitern im Grand Canyon zurückgelassen wurden.

2 Reptilien sind wahre Überlebenskünstler, wenn es um die Anpassung an extreme Hitze und Trockenheit geht – Leguan im Marble Canyon.

3 Chipmunks, Streifenhörnchen, gehören zu den regelmäßigen Gästen an den Pick-nick- und Campingplätzen im Grand Canyon.

4 Am North Kaibab Trail geht es von Anfang an steil bergab. Im Gegensatz zum South Rim ist es am North Rim oft möglich, auch ohne lange Voranmeldung an einem Maultierritt teilzunehmen.

Wer sich für einen Ritt in die Tiefe entschließt, sollte auch wissen, daß die Reihenfolge innerhalb der Gruppe nicht gewechselt und nur auf ein Zeichen des Anführers angehalten werden darf. Für individuelle Fotos bleibt also wenig Freiraum. Die Reiter müssen mindestens zwölf Jahre alt sein, dürfen nicht mehr als 90 Kilo wiegen und inklusive Fotoausrüstung nicht mehr als 5 Kilo Gepäck mitführen.
Angeboten werden Touren von zwei Stunden bis drei Tagen Dauer. Alleiniger Veranstalter am South Rim ist die Fred Harvey Company, P. O. Box 699, Grand Canyon, Arizona 86023. Reservierungen sollten, wenn möglich, ein Jahr im voraus getätigt werden, vorzugsweise «vor Ort» im Verlauf einer anderen USA-Reise.
Maultierritte in den Grand Canyon werden auch am North Rim angeboten Buchungen hierfür sind in der «Grand Canyon Lodge» möglich, mit langen Wartelisten muß man hier nicht rechnen.

1

Klettern. Die hoch aus dem Canyongrund aufsteigenden Tafelberge bieten reichlich Gelegenheit zum Klettern und Bergsteigen. Anwärter auf die Gipfel oder Hochplateaus von Vishnu oder Zoroaster Temple, um nur zwei Beispiele zu nennen, müssen aber mit ihrer Kondition und ihrer Ausrüstung beachtlichen physischen und technischen Schwierigkeiten gewachsen sein. Klettertouren im Grand Canyon National Park gelten als «Backcountry Trips», in der Regel also Wanderungen in die Wildnis ohne Weg und Steg. Unternehmungen dieser Art sind zwar nicht verboten, aber sie müssen mit der Parkverwaltung im einzelnen besprochen werden, um die nötige Genehmigung für eine solche Tour zu erhalten.

Bootfahren. Den Colorado im Grand Canyon zu befahren – für viele der Höhepunkt einer Grand-Canyon-Reise. Eine Fahrt mit den unsinkbaren Schlauchbooten strengt weit weniger an als ein Ritt oder ein Fußmarsch in den Canyon (lediglich die Katarakte schütteln die Passagiere kräftig durch), und ein einzigartiges Landschaftserlebnis belohnt dieses Abenteuer (siehe Seite 23). Nur aus dem Boot zeigt sich beispielsweise die Inner Gorge aus der Nähe, der Abschnitt des Canyon, in dem der Fluß zwei Milliarden Jahre altem Vishnu-Schiefer zu Glanz verhalf.
Noch abenteuerlicher als die Fahrt auf einem der großen Schlauchboote ist die mit einem Ruderboot, ähnlich den Booten der Powell-Expedition. 20 000 Bootstouristen läßt die Parkverwaltung im Jahr zu, kein Wunder, daß man die ein- bis 17-tägigen Touren oft schon Jahre vorher buchen muß. Folgende Unternehmen bieten Rafting-Touren an: Wilderness Rafting Adventures, P. O. Box 717, Page, Arizona 86040 oder Canyoneers, Inc., P. O. Box 2997, Flagstaff, Arizona 86003.

3

4

Rundflüge. Eine neue aufregende Perspektive des Grand Canyon eröffnet ein Rundflug. Allerdings sind Flüge *durch* die Schlucht (*under the rim*, unterhalb des Canyonrands) wegen wiederholter Flugunfälle, darunter auch Zusammenstöße zwischen Hubschraubern und Propellerflugzeugen, seit Jahren verboten. Diese wahrhaft atemberaubenden Flüge können aber auch heute noch im IMAX-Kino in Tusayan sehr realitätsnah auf einer riesigen Leinwand nacherlebt werden, vielleicht sogar noch besser als aus einem kleinen Flugzeug mit seinen doch beschränkten Ausguckmöglichkeiten. Es werden Gruppen- und individuelle Flüge mit Propellerflugzeugen und Hubschraubern ab Las Vegas, Phoenix, Page und Tusayan angeboten. Fast alle Maschinen bieten jedem Passagier einen Fensterplatz. Daß für die Grand-Canyon-Flüge vorherige Reservierung ratsam ist, versteht sich. Veranstalter sind unter anderen Scenic Airlines (Las Vegas und Phoenix), Lake Powell Air (Page) sowie Grand Canyon Airlines und Grand Canyon Helicopters (Tusayan).

2

AUSSICHTSPUNKTE UND SEHENSWÜRDIGKEITEN IM GRAND CANYON NATIONAL PARK

Ziffern im Kreis verweisen auf die Karte auf Seite 67, kursive Seitenzahlen am Ende der Abschnitte verweisen auf Abbildungen.

South Rim. Den Südrand der Schlucht erreicht man, von Flagstaff kommend, am Grand Canyon Village, von Page aus oder auch von Flagstaff mit einem kleinen Umweg über Cameron, bei Desert View.
Es empfiehlt sich sehr, die den südlichen Canyonrand entlangführende Besichtigungstour bei Desert View zu beginnen. So hat man gleich am Anfang einen der schönsten Blicke auf die Schlucht und den Colorado, der von weiter folgenden Aussichtspunkten oftmals nicht zu sehen ist, und erreicht das etwas unübersichtliche und recht hektische Grand Canyon Village erst später. Praktisch an diesem Tourenvorschlag ist auch, daß man dabei auf der »richtigen« Straßenseite fährt, das heißt, an allen Aussichtspunkten nur nach rechts abzubiegen braucht, ein Vorteil im oft sehr lebhaften Verkehr.
Zwischen Desert View am Beginn des East Rim Drive und Hermits Rest am Ende des West Rim Drive liegen elf weitere »offizielle« Aussichtspunkte, die alle einen Besuch lohnen. *9, 12/13, 19, 20/21, 48, 56, 62/63, 66, 69, 70*

Desert View ①. Bereits vom Viewpoint selbst, noch etwas besser vom 20 Meter hohen *Watchtower*, bietet sich ein grandioser Blick in Längsrichtung des Canyons. Der Turm ist zwar kein historisches, von den Anasazi errichtetes Gebäude – es entstand erst 1932 –, doch ist er alten Schutz- und Lagerbauten der präkolumbianischen Indianer nachempfunden, wie sie etwa original im Hovenweep National Monument erhalten sind. Im Inneren des Watchtower befindet sich eine Verkaufsausstellung indianischer Handarbeiten und Kunstwerke.

Lipan Point ②, der nächste Aussichtspunkt am East Rim Drive, zeichnet sich durch eine besonders schöne Sicht in den östlichen Teil der Schlucht aus.
Im nahegelegenen *Tusayan Museum* sind zahlreiche Fundstücke aus den alten Indianerkulturen der Region ausgestellt, sehenswert auch ein unweit des Museumsgebäudes freigelegter *Pueblo* (Dorf) der Anasazi, der früheren indianischen Bewohner des Colorado-Plateaus, aus dem 12. Jahrhundert.

Moran Point ③. Die besondere Attraktion dieses Aussichtspunkts ist der Blick auf die *Hance Rapids* im Colorado, von den Befahrern des Flusses gefürchtete Stromschnellen mit einem Gefälle von 10 Metern.

Grandview Point ④. Viele Besucher sagen, daß der Panoramaausblick von hier der beste des South Rim sei, deshalb diesen Punkt unbedingt ansteuern!

1

Yaki Point ⑤. Von hier kann der Blick bis in die dunkle *Granite Gorge* (Granitschlucht) schweifen, auch *Inner Gorge* genannt. Dort hat sich der Colorado in zwei Milliarden Jahre alte Gesteine, den sogenannten Vishnu-Schiefer, eingeschliffen. Vom Yaki Point sieht man auch den *Bright Angel Trail* und mit dem Fernglas den zum Nordrand führenden *North Kaibab Trail* (siehe Seite 74).

Mather Point ⑥, die nächste Station, ist gleichzeitig der erste Aussichtspunkt, den Besucher erreichen, die über den Südeingang zum Grand Canyon kommen. Dementsprechend ist er »gut besucht«, aber es lohnt sich, auf einen Platz in der ersten Reihe zu warten. Wie an den anderen Viewpoints erwarten den Besucher auch an dem nach dem ersten Superintendenten des National Park benannten Mather Point Ausblicke, die es nur einmal und nur dort gibt. Eine kleine Besonderheit: Vom Mather Point kann man bei genauem Hinsehen den *Bright Angel Trail* und die »Phantom Ranch« am Ufer des Colorado River erkennen. *19, 56*

2

Yavapai Point ⑦, wie Mather Point nahe am Grand Canyon Village gelegen, glänzt mit einem »klassischen«, vielfotografierten Blick in die Tiefen der Schlucht. Hier steht auch das schon erwähnte *Yavapai Point Museum* (siehe Seite 69) und das *Visitor Center* des Grand Canyon National Park. Das ausgesprochen sehenswerte Museum beschäftigt sich in erster Linie mit der Entstehungsgeschichte und der Geologie des Grand Canyon.
Nach dem Grand Canyon Village mit verschiedenen Hotels, Einkaufsmöglichkeiten, einem Postamt und der Endstation der Nostalgieeisenbahn ab Williams führt der dort beginnende West Rim Drive weiter am Canyonrand entlang. In den Sommermonaten ist dieser Straßenabschnitt für den Individualverkehr gesperrt. Die Strecke von der »Bright Angel Lodge« bis zum Endpunkt des West Rim Drive bei Hermits Rest befährt dann ein kostenlos zu benutzender Pendelbus *(Shuttle)*, der an allen auf der Karte vermerkten Aussichtspunkten zum Aussteigen und zum Wiedereinsteigen in einen der nächsten Busse anhält. *9*

1 **Eine der bekanntesten Ansichten des Grand Canyon eröffnet sich am Yavapai Point, der nach einem Indianerstamm benannt wurde.**

2 **Der 1932 errichtete Watchtower bei Desert View ist der Nachbau eines präkolumbianischen indianischen Turms. Von hier hat man eine atemberaubende Aussicht auf die Schlucht und den Colorado; im Inneren des Turms sind Gemälde des Hopi-Künstlers Fred Kabotie ausgestellt.**

3 Am Hopi Point warten in der Hochsaison stets zahlreiche Menschen, wie diese beiden Mountainbike-Fahrer, auf den hier besonders dramatischen Sonnenuntergang.

4 Abendstimmung am Cape Royal am North Rim des Grand Canyon.

5 Auch wenn die Anfahrt zum Toroweap Overlook etwas mühselig ist – das einzigartige Panorama und die majestätische Einsamkeit des Ortes entschädigen für alle Strapazen!

Trailview Overlook (8). Der Name sagt es schon: Vorrangig ist hier der Blick auf den *Bright Angel Trail* mit seinen meist beschwingt hinablaufenden und müde emporstapfenden Wanderern und den sich langsam, aber stetig vorwärtsbewegenden Maultierkolonnen.

Maricopa Point (9). Von hier aus bietet sich ein umfassender Blick auf den westlichen Teil des Grand Canyon. Nicht weit davon entfernt, am *Powell Point*, steht das *Powell Memorial*, eine Statue zum Andenken an John Wesley Powell (siehe Seite 57), dem unerschrockenen Erstbefahrer des Colorado River durch den Grand Canyon. Naht aber der Sonnenuntergang, dann sollte man schnell weiterfahren, denn

Hopi Point (10), der am weitesten in die Schlucht ragende Punkt, ist mit der beste Platz, um das faszinierende Farbenspiel beim Sonnenuntergang zu beobachten. Nicht minder sehenswert sind diese Farbschauspiele auch bei Sonnenaufgang.

Mohave Point (11). Ein Aussichtspunkt, der wiederum einen Blick auf den Colorado River bietet, aber auch noch erwähnenswert ist, weil kurz danach die West-Rim-Straße an einem tiefen Abgrund vorbeiführt, *The Abyss*. Über 900 Meter geht es da in die Tiefe und macht schaudern.

Pima Point (12) ermöglicht noch einmal einen Blick auf den gewundenen Lauf des Colorado. Hier kann man, wenn es in der Umgebung ruhig ist, auch das Getöse der berüchtigten *Granite Rapids* hören.

Hermits Rest (13) markiert das Ende des West Rim Drive. Der Name geht auf den franko-kanadischen Einsiedler *(hermit)* Louis Boucher zurück, der an diesem Ort zwanzig Jahre lebte. Heute stehen hier ein Souvenir-Kiosk und eine Snack-Bar.

North Rim. Nur zehn Prozent der Parkbesucher finden den Weg zum Nordrand des Canyon. Das mag daran liegen, daß von Los Angeles oder von Phoenix aus rund 350 Kilometer mehr zu fahren sind als zum Südrand. Oder daran, daß es dort weniger Aussichtspunkte als am South Rim und auch weniger touristische Einrichtungen gibt und daß die Blicke in den Canyon nicht ganz so

3

spektakulär sind. Tatsächlich fließt der Colorado von der Nordkante aus gesehen weiter entfernt und weniger gut zu sehen als von der Südkante. Dafür lassen sich am

5

North Rim anders als am South Rim noch Plätze der Ruhe und Einsamkeit finden.
Zum North Rim gelangt man von Kanab, Utah, oder von Page, Arizona, über die Highways 89 und 89 A, die sich bei Jacob Lake zum Highway 67 vereinigen. Die Straße endet an der «Grand Canyon Lodge». Kurz vorher führt nach links eine Abzwei-

4

gung zu den Aussichtspunkten *Point Imperial* (14), *Vista Encantadora* (15), *Walhalla Overlook* (16) und *Cape Royal. 4/5, 6/7, 22, 32, 33, 46/47, 48, 50, 51, 52, 53, 54/55, 64/65, 70, 76/77, 78, 92/93*

Cape Royal (17) eröffnet den wohl eindrucksvollsten Ausblick. Der knapp 1 Kilometer lange Weg vom Parkplatz zum Aussichtspunkt führt an *Angel's Window* vorbei, einem Fenster im Fels, in dem sich in weiter Ferne der Colorado zeigt. Im Vordergrund ragen majestätische Tafelberge auf, mit klangvollen Namen wie *Vishnu Temple, Wotans Throne* und *Zoroaster Temple;* die Fernsicht reicht bis zum *Navajo Mountain* am Lake Powell. *6/7, 48*

Point Sublime (18). Nach der Einfahrt in den Park zweigt alsbald nach rechts eine Schotterstraße dorthin ab, ein lohnender Abstecher, der in der Reiseplanung aber gebührend berücksichtigt werden will. Für Hin- und Rückfahrt auf der rund 30 Kilometer langen Piste und beschauliche Ausschau sollte ein halber Tag angesetzt werden.

Toroweap (19). Ähnlich wie zum Havasu Canyon kommt man zu diesem auch Tuweep genannten Platz am Nordrand nur

nach reichlich langer Fahrt auf einer noch dazu nicht asphaltierten Straße. Drei Straßen führen dorthin, ab Fredonia, Arizona, (105 km), zwei Stunden, ab St. George, Utah, (145 km), drei Stunden, und ab Colorado City, Arizona, (90 km). Da letztere meist in schlechtem Zustand ist, ist hier keine Zeitangabe möglich. Empfehlenswert ist die Route, die vom Highway 389 westlich von Fredonia nach Süden abzweigt.
Der Ausblick, der sich vom *Toroweap Overlook* bietet, ist einmalig im Grand Canyon und lohnt die lange Fahrt. Senkrecht fallen die Felswände zum Colorado ab, der 900 Meter tiefer rauscht und vom Aussichtspunkt aus kilometerweit zu überblicken ist. Auch die *Lava Falls* sind von hier zu sehen, mit Rang Zehn in der Schwierigkeitsskala eine ob ihrer Gefährlichkeit von den Befahrern des Flusses mit am meisten gefürchtete Stromschnelle. Die hier sichtbaren alten Laven haben sich vor etwa einer Million Jahren in den Grand Canyon ergossen, bildeten damals hohe Dämme, die den Colorado über 300 Kilometer zurück aufstauten.
Am Rand des Toroweap Overlook ist Vorsicht geboten: Kein Geländer schützt den Besucher am steil abfallenden Fels, nicht schwindelfreie Personen treten besser nicht zu nahe an den Abgrund.
Der kleine Campingplatz am Aussichtspunkt bietet nichts außer Stellmöglichkeiten für wenige Camper und Zelter. Trotzdem lohnt sich eine Übernachtung: Bei Sonnenaufgang beginnen die Felswände tiefrot zu erglühen, während der Fluß noch in geheimnisvollem Dunkel schimmert. Gegen zehn Uhr vormittags beginnt das nächste Schauspiel: Dann tanzen die großen Schlauchboote der Coloradofahrer mit ihren kreischenden Insassen über die Lava Falls. *22, 32, 33*

Havasu Canyon ⑳. Obwohl der Havasu Canyon seit 1979 nach der letzten Grenzänderung nicht mehr innerhalb des National Park liegt, bleibt er natürlich ein Seitencanyon des Colorado im Grand Canyon, der für Touristen von besonderem Interesse ist, auch wenn sein Besuch einige Mühen erfordert.
Besucher mit gut gefüllter Reisekasse konnten früher mit dem Helikopter nach *Supai*, dem kleinen Dorf im Havasu Canyon, schweben. Diese leichte, aber lärmende Art der Fortbewegung ist jedoch nicht mehr gestattet. Der Canyon steht nur noch Wanderern und Reitern offen, für Motorräder, selbst Mountain-Bikes, ist der Weg gesperrt. Die Anreise mit dem Auto folgt ab Flagstaff 120 Kilometer der I-40 bis Seligman, dann 40 Kilometer auf der historischen Route 66 bis zu den Grand Canyon Caverns mit der letzten Tankstelle. Von hier geht es auf dem durchgehend asphaltierten Highway 18 nochmals 100 Kilometer nach Norden bis zum Ende des Asphalts, Hualapai Hilltop

Wer gerne nach Supai wandern möchte und den anstrengenden Weg mit schwerem Gepäck scheut, kann seinen Rucksack auch auf dem Pferderücken transportieren lassen. Dazu muß man vor 12 Uhr mittags am Hualapai Hilltop sein.

Von der Brücke über den Havasu Creek ist es nicht mehr weit nach Supai, wo es ein Café und einen kleinen Laden gibt. Dennoch sollte man zunächst nicht zu lange verweilen, weil der Campingplatz noch 3 anstrengende Kilometer entfernt liegt und es im Canyon sehr früh und schnell dunkel wird.

Felsklippenwohnungen der Anasazi, hier bei Nankoweap, zeugen davon, daß der Grand Canyon schon seit Jahrtausenden von Indianern besiedelt wird. Als die ersten Europäer hierher kamen, waren diese Stätten allerdings schon verlassen. Die Gründe für das Verschwinden der Anasazi sind bis heute nicht geklärt.

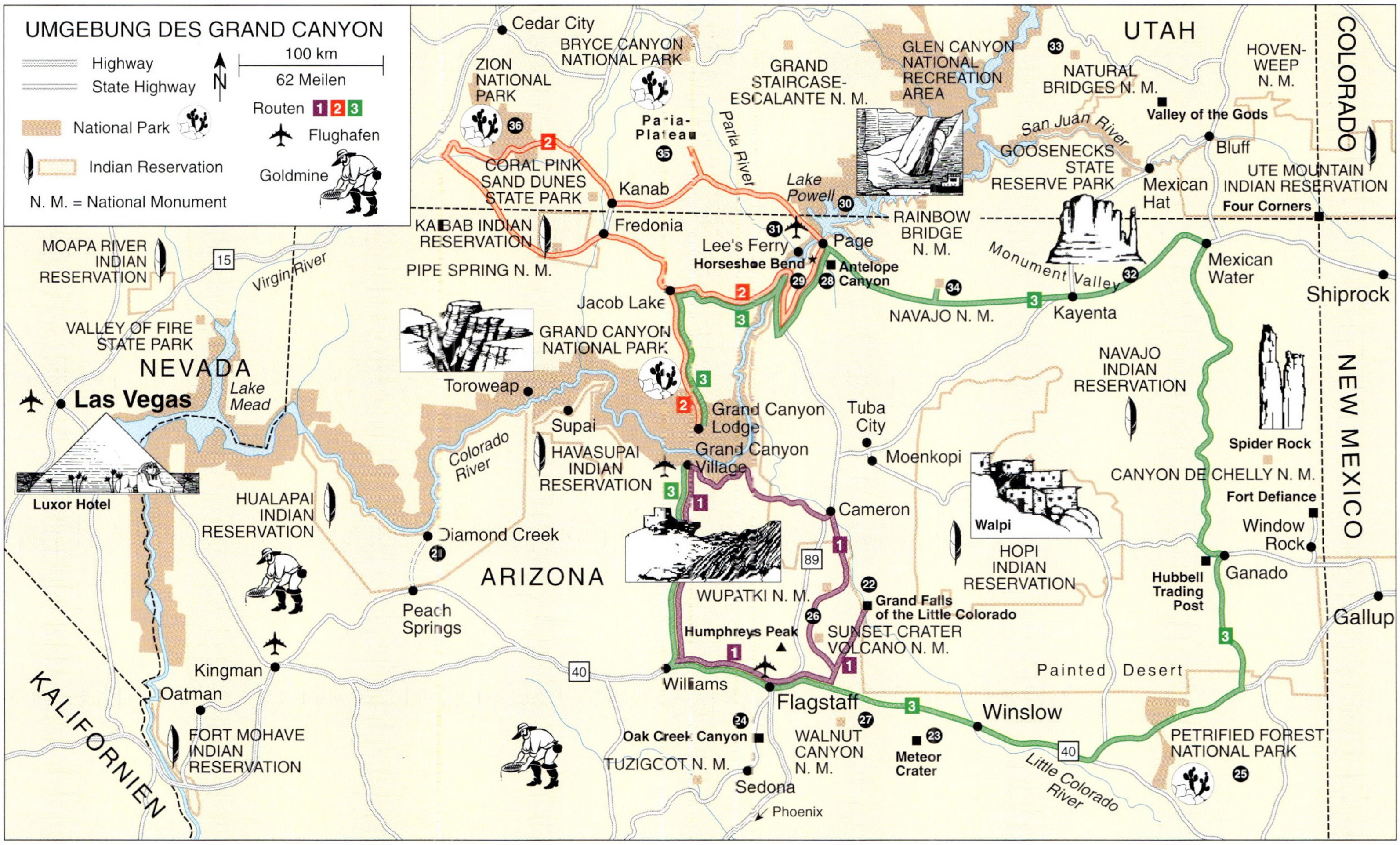

In der Umgebung des Grand Canyon warten zahlreiche Sehenswürdigkeiten.

Route 1 ist eine Rundreise ab Flagstaff, deren Höhepunkte der South Rim des Grand Canyon, das Wupatki National Monument und die Grand Falls of the Little Colorado sind.

Route 2 führt von Page über die Horseshoe Bend an den North Rim des Grand Canyon, von dort weiter zum Zion National Park und über das Paria-Plateau zurück nach Page.

Wer sowohl den Süd- als auch den Nordrand des Grand Canyon besuchen will, lernt auf der Route 3 weitere Highlights des amerikanischen Südwestens kennen, etwa den Petrified Forest National Park, den Canyon de Chelly und das legendäre Monument Valley.

genannt, 1585 Meter über dem Meer, nur ein Punkt auf der Landkarte. Auf Besucher, die rechtzeitig und am besten schriftlich ein Reittier bei Havasupai Tourist Enterprise, Supai, Arizona 86435, Tel. 001 / 602 / 448 / 21 21 reserviert haben, wartet nun (hoffentlich) dort ein Pferd oder Maultier und ein berittener Guide. Die anderen machen sich, nach Kauf eines «Trail Pass» zu Fuß auf den 13 Kilometer langen Weg zum 800 Meter tiefer gelegenen Supai.

Dort kann man entweder im mitgebrachten Zelt oder Schlafsack übernachten oder bei rechtzeitiger Voranmeldung in einem überraschend komfortablen Hotel mit 24 großen Zimmern für bis zu vier Gäste. Ferner gibt es in Supai eine «Eatery», ein kleines Restaurant, in dem neben den obligatorischen Burgers und Sandwiches auch indianische Gerichte serviert werden. Wie in allen Indianer-Reservationen herrscht in Supai striktes Alkoholverbot, auch das Mitbringen eigenen «Feuerwassers» ist nicht erlaubt.

Unterhalb von Supai liegen nacheinander die Wasserfälle, die den Canyon so attraktiv machen: *Navajo Falls, Havasu Falls, Mooney Falls* und *Beaver Falls* (siehe auch Seite 42). Nach den Havasu Falls wird der Weg streckenweise steil, glitschig und eng; für diesen Abschnitt ist bestes Schuhwerk nötig. Die untersten Wasserfälle, die Beaver Falls, liegen nur noch 5 Kilometer vor dem Colorado, aber dorthin führt kein gebahnter Pfad. *15, 19, 35, 38/39, 42, 43*

AUSFLÜGE

Wer den langen Weg in den Westen der USA unternimmt, wird sich kaum auf die Besichtigung des Grand Canyon beschränken, es sei denn, er hätte dort Besonderes vor wie Extremklettern oder ausgedehnte Fahrten auf dem Colorado. Die Mehrzahl der Reisenden wird die große Schlucht jedoch in eine Rundreise einbinden, zumindest aber auch die bekannten Sehenswürdigkeiten in der näheren Umgebung kennenlernen wollen. Für letzteres bieten sich Flagstaff und Page als Stützpunkt für reizvolle Tages- und Halbtagsausflüge an.

AUSFLUGSZIELE AB FLAGSTAFF

Diamond Creek ㉑. Bei Peach Springs an der I-40 zweigt nach Norden eine breite Schotterstraße ab, die Diamond Creek Road. Sie endet nach rund 30 Kilometern und 1100 Höhenmeter tiefer am *Diamond Point.* Vor längerer Zeit stand hier ein einfaches, aber sehr geschätztes Hotel, das 1914 abbrannte. Heute ist dieser Punkt in der Hualapai Indian Reservation «nur» noch einer der wenigen mit dem Auto erreichbaren Ziele direkt am Ufer des Colorado, ein Ort der Einsamkeit und Ruhe – es sei denn, eine größere Schlauchboot-Expedition macht dort gerade eine Pause. Für das Permit zum Befahren der Straße ist in Peach Springs eine geringe Gebühr zu entrichten – eine gute Gelegenheit, sich nach dem aktuellen Straßenzustand zu erkundigen.

Grand Falls of the Little Colorado ㉒. Der Little Colorado River fließt zwar offiziell ganzjährig, aber im Sommer in der Regel doch sehr spärlich. Das Attribut «Grand» steht den Wasserfällen des Little Colorado deswegen nur früh im Jahr nach der Schneeschmelze oder nach einem kräftigen Sommergewitter zu. Dann jedoch sind die Fälle eine erstklassige Attraktion! Der Weg dorthin führt ab Flagstaff ein kurzes Stück nach Osten der I-40 entlang, bis bald hinter dem Walnut Canyon der Highway 15 nach Leupp in der Navajo Indian Reservation abzweigt. Nach etwa 15 Kilometern führt dann die Schotterstraße Nummer 70 Richtung Nordosten zu den noch rund 12 Kilometern entfernten Fällen, die ihre Entstehung prähistorischen Lavaflüssen verdanken.

Meteor Crater ㉓. Nahe Winslow, rund 80 Kilometer östlich von Flagstaff, liegt einer der größten und besterhaltenen Meteorkrater der Erde. Vor etwa 22 000 Jahren schlug hier ein 60 000 Tonnen schwerer Eisen-Nickel-Meteorit mit einer Geschwindigkeit von rund 45 000 Stundenkilometern ein. Alle diese Zahlen sind geschätzt, so wie auch die beim Aufprall hochgeschleuderte Menge von 500 Millionen Tonnen Gestein. Genau zu vermessen war aber der Krater,

1

weltweit der einzige in Privatbesitz: Durchmesser 1265 Meter, Tiefe 175 Meter

Oak Creek Canyon ㉔. Zwischen Flagstaff und Prescott verläuft der Highway 89 A durch ein wildromantisches Tal, das mit seinen hochragenden roten Felsen schon in vielen berühmten Western als Filmkulisse diente. Der surrealistische Maler Max Ernst kam im Jahr 1950 nach *Sedona*, dem Hauptort des «Red Rock Country», und noch heute gilt der malerische Ort als Künstlerkolonie. Während der Hochsaison dominieren allerdings Touristen in Kauflaune, die sich auch von den hohen Preisen in den (unzähligen) Souvenirläden, Boutiquen und Galerien nicht abhalten lassen.

2

Petrified Forest National Park ㉕. Dieser einzigartige National Park, direkt an der I-40 rund 150 Kilometer östlich von Flagstaff, liegt im Painted Desert («bemalte Wüste») genannten Abschnitt der Mojave-Wüste, deren Randgebiete von Desert View (daher der Name) am Ostende des South Rim zu sehen sind. In und auf farbigen Tonoder auch Lehmhügeln, genauer gesagt, Bentonithügeln der Chinle-Formation, liegen hier hunderte oft noch vollständig erhaltene versteinerte Baumstämme – die größte Zahl, die weltweit bekannt ist. Vor 225 Millionen Jahren wurden in ehemalige Sümpfe gestürzte altersschwache Bäume an ihren heutigen Fundort geschwemmt – dabei gingen den Stämmen die Äste verloren – und dort von Schlamm bedeckt. Ohne Sauerstoffzufuhr konnten die Stämme nicht verrotten, stattdessen füllte in die toten Riesen einsickerndes kieselsäurehaltiges Wasser Zelle für Zelle mit winzigen Quarzkristallen. Die meisten der bis zu 60 Meter langen, versteinerten Bäume gehören als Araucaria zur Gruppe der Koniferen. Diese Baumart ist inzwischen ausgestorben, aber entfernte Verwandte wachsen als *Araucarioxyla* heute noch in Südamerika, Australien und Neuseeland.

Sunset Crater Volcano und Wupatki National Monuments ㉖. Von Flagstaff führt der Highway 89 direkt zum Grand Canyon, aber wer Zeit hat, sollte nördlich von Flagstaff nach rechts in die Seitenstraße abbiegen, die zunächst zum Sunset Crater Volcano National Monument führt. Seinen Namen verdankt der Sunset Crater seiner Rotfärbung bei Sonnenuntergang. Den Besucher erwartet hier ein vergleichsweise junges Gebiet früherer vulkanischer Aktivitäten. Die bislang letzte Eruption im Winter 1064/65 lieferte mit ihren fruchtbaren Aschen die Existenzgrundlage für die nahegelegene, heute Wupatki genannte Siedlung der Sinagua-Indianer. Vom einstigen Wohlstand des Pueblos, der um 1200 verlassen wurde, zeugen einige eindrucksvolle Lehmziegelbauten, darunter auch mehrgeschossige Gebäude wie das *Wupatki House*, *The Citadel* und *Lomaki*. Auch ein ummauerter Ballspielplatz und ein «Amphitheater» sind erhalten.

3

Walnut Canyon National Monument ㉗. Fast noch im Stadtgebiet von Flagstaff, nur 15 Kilometer vom Zentrum entfernt, liegt der Walnut Canyon. Hier sind unter Felsüberhängen über dreihundert *Cliff Dwellings* der Sinagua-Indianer aus dem 12./13. Jahrhundert erhalten. Straßen führen zu allen wichtigen Aussichtspunkten.

AUSFLUGSZIELE AB PAGE

Antelope Canyon ㉘. Nur wenige Autominuten östlich von Page erwartet den Besucher eine wahre Wunderwelt im Sandstein (siehe Seite 31).

4

Horseshoe Bend ㉙. Noch schneller kommt man von Page zum Ausgangspunkt einer Kurzwanderung zu einem der schönsten Ausblicke auf den Colorado. Nur fünf Autominuten südlich des Ortes biegt 300 Meter nach dem Milepost 545 am Highway 89 ein unbeschilderter Fahrweg nach Westen ab, der nach wenigen Metern an einem Sandhügel endet. Nach 15 bis 20 Minuten Fußmarsch über diesen Hügel erreicht man den grandiosen Aussichtspunkt mit Blick auf eine Kehrtwendung des Flusses.

Lake Powell ㉚. Der durch Aufstauung des Colorado entstandene See überschwemmte den vorher kaum bekannten Glen Canyon (siehe Seite 33 ff.). Mit einer Fläche von 660 Quadratkilometern und einer Uferlänge von 3140 Kilometern ist er einer der größten Stauseen der Welt. Neben seiner eigentlichen Bestimmung, der Regulierung und Energieausbeutung des Colorado, wurde der Lake Powell ein zunehmend beliebter Tummelplatz für Motor- und Hausboote. Die frühere Bauarbeitersiedlung Page stieg dank des Stausees zu einem Touristenzentrum ersten Ranges auf. Fünf große Yachthäfen (Marinas) gibt es am See: Wahweap, Dangling Rope, Bullfrog, Hite und Hall's Crossing.

Von Wahweap Marina aus kann man sich mit einem hochseetüchtigen *(ocean-going)* 1600 PS starken Passagier-Schnellboot in

1 Ertrunkene Schluchten, ein Labyrinth von Buchten – durch den Bau des Glen Canyon Dam wurde der einzigartige Glen Canyon überflutet, für viele Naturschützer eine der großen Umweltsünden dieses Jahrhunderts. Dem Reiz des dabei entstandenen Lake Powell können sich aber auch seine Kritiker nicht entziehen.

2 und 3 Zwischen 700 und 1300 entstanden im Südwesten zahlreiche mehrstöckige Wohnhäuser aus Adobe (Lehmziegeln) oder Stein. Zu den schönsten präkolumbianischen Hinterlassenschaften zählt das Wupatki National Monument nördlich von Flagstaff, das im 12. Jahrhundert von Sinagua-Indianern bewohnt wurde.

4 Die schroff aufsteigenden rotbraunen Felsen des Oak Creek Canyon bilden einen reizvollen Kontrast zum dunklen Grün der Wälder. Hauptort im «Red Rock Country» ist das hübsche Städtchen Sedona.

Fortsetzung Seite 86

EIN ZU STEIN GEWORDENER REGENBOGEN

Das Rainbow Bridge National Monument

War die Rainbow Bridge früher nur nach tagelangen Wanderungen zu erreichen, kann sie heute mit dem Schnellboot mühelos besucht werden. Ihr Anblick ist allerdings wie ehedem – überwältigend.

Für die Navajo-, Ute- und Paiute-Indianer war und ist «Nonnezoshi», der «Regenbogen aus Stein», ein Naturheiligtum, das als «Wächter» und «Bewahrer des Universums» schon seit langem besonders verehrt wird. Von den Weißen wurde die größte und schönste Natursteinbrücke der Welt – sie hat eine Spannweite von 84 und eine Höhe von 88 Metern, an ihrer höchsten Stelle ist sie fast 10 Meter breit – erst 1909 «entdeckt». In diesem Jahr starteten rein zufällig zur gleichen Zeit zwei Expeditionen: die von Byron Cummings, einem Archäologen an der Universität von Utah, und John Wetherill, dem Besitzer einer Handelsniederlassung in der Nähe von Oljeto am Monument Valley in Arizona (ihr Führer war Nasja Begay vom Stamm der Paiute), und die Expedition von William Douglass mit dem Führer Jim Mike vom Stamm der Ute. Als die Gruppen voneinander erfuhren, schlossen sie sich zusammen und erreichten nach einem mühseligen und gefährlichen Ritt am 14. August 1909 die Regenbogenbrücke.

Das Ende der Expedition geriet zur Posse: William Douglass war fest entschlossen, als erster durch die Brücke zu reiten, sah sie aber nicht sofort. John Wetherill hatte wohl die besseren Augen, gab seinem Pferd die Sporen, überholte Douglass und rief sich zum Entdecker der Brücke aus. Auch unter den beiden Indianern brach Streit darüber aus, wer denn eigentlich die «Entdecker» zum Ziel geführt habe.

Bereits ein Jahr später wurde die Rainbow Bridge vom damaligen Präsidenten der Vereinigten Staaten, William H. Taft, zum National Monument erklärt.

Die Geologen unterscheiden zwischen *Arches* (Bögen), die durch Erosion, aber ohne die Einwirkung fließenden Wassers entstanden, und *Bridges* (Brücken), die von sedimentführendem fließendem Wasser geformt wurden. Die Entstehung der Rainbow Bridge stellt man sich so vor: Ehe vor geschätzten sechzig Millionen Jahren die Hebung des Colorado-Plateaus begann, flossen in einer Tiefebene die Flüsse in trägen Mäandern. Mit der Hebung des Geländes beschleunigte sich ihr Lauf und sie gruben sich immer tiefer in ihr Bett. Dabei verjüngte sich eine zwei Flußschleifen trennende Felswand so weit, daß sie durchbrach. Der Fluß grub sich ein neues Bett und vergrößerte die Durchbruchstelle im Lauf der Zeit so stark, daß eine Brücke entstand. Die vollendete Form der Rainbow Bridge liegt aber auch in den Eigenschaften des Navajo-Sandsteins begründet, aus dem sie besteht: Er steht infolge der Plastizität in großer Tiefe darunterliegender Salzstöcke unter Spannung, neigt dadurch zum Abblättern und Ausschälen, und ist relativ weich und porös. Dieser Eigenschaft verdanken auch die riesigen Grotten in der Nähe des steinernen Regenbogens ihre Entstehung und ebenso die Bögen im berühmten Arches National Park nördlich von Moab. So ist die Rainbow Bridge genaugenommen beides – sowohl Brücke als auch Bogen.

Helmut Friedrich

Mit 84 Meter Spannweite gehört die Rainbow Bridge zu den erhabendsten und schönsten Naturwundern des Colorado-Plateaus.

nur vier Stunden zur 80 Kilometer entfernten *Rainbow Bridge* und wieder zurück fahren lassen (siehe auch Seite 85). Auch als Ganztagstour wird die Schnellbootfahrt offeriert und bietet dann neben dem Besuch der Rainbow Bridge (Aufenthalt bei der Ganztagstour eine Stunde, bei der Halbtagstour nur 30 Minuten) auch Abstecher in beängstigend enge Seitenarme. Die Kapitäne der Ausflugsboote machen sich einen Spaß daraus, ihr Boot so weit in die sich verengenden Canyons hineinzusteuern, bis es zum Erschrecken der Passagiere knirschend an den steilen Felswänden anliegt.

1

2

3

IM HAUSBOOT AUF DEM LAKE POWELL

Die beschaulichste und erholsamste Art, den Lake Powell mit seinen 96 Seitencanyons kennenzulernen, ist sicherlich, ihn mit einem Hausboot *(houseboat)* zu befahren. Für die Hochsaison (Juli bis Anfang September) ist allerdings rechtzeitige Reservierung ratsam, möglichst schon ein Jahr vorher.
Hausboote sind langsam, haben wenig Tiefgang und sind somit empfindlich für hohe Wellen, wie sie schnelle Boote erzeugen. Diese sind daher gehalten, in der Nähe von Hausbooten ihr Tempo auf »wellenfrei« zu drosseln. Mit Aufenthaltsraum, mehreren Schlafzimmern, Kühlschränken, Fernseher und Klimaanlagen bieten Hausboote allen Komfort. Je nach Größe des Bootes haben sechs, zehn oder auch zwölf Personen Platz. Um Kapitän zu werden, bedarf es keiner Lizenz, die Vermieter vertrauen ihren kurzen Einweisungen. Um den riesigen See zu erkunden, sollte man ein Hausboot mindestens für eine Woche mieten.

Mit dem Auto kommt man nur an wenige Uferstellen des Lake Powell, nicht einmal an alle der oben genannten Marinas: Dangling Rope Marina ist beispielsweise nur auf dem Seeweg zugänglich.
Mehr vom See zeigen Rundflüge von Page aus, die auch individuell zu überraschend moderaten Preisen zu chartern sind. Ein besonderer Leckerbissen sind dabei die Blicke auf die Tafelberge *(Buttes)* im Lake Powell, auf deren steil abfallenden Plateaus für manchen Spiel- und Werbefilm sogar schon Autos abgesetzt wurden.

Lee's Ferry ㉛. Eine weitere der seltenen Möglichkeiten, sich dem Colorado mit dem Auto soweit zu nähern, daß man dort Hände oder Füße eintauchen kann, bietet Lee's Ferry. Seit 1969 die östliche Grenze des Grand Canyon National Park, richtete sich hier 1873 John D. Lee, ein »Outlaw« aus dem Mormonenkrieg, eine Fähre über den Colorado ein, zuerst mit einem ausgemusterten Ruderboot der Colorado-Expedition von John Wesley Powell. Heute starten hier alle touristischen Colorado-Befahrungen mit Schlauch- oder Ruderboot. In der näheren

1 Slickrock, von Wasser, Wind und Erosion geglätteter Stein, in der Paria Canyon-Vermilion Cliffs Wilderness. Die Bänderung des Sandsteins entsteht, wenn auf eisenhaltige, durch Oxidation rot gefärbte Ablagerungen eisenarme (weiße) Schichten folgen.

2 und 3 Monument Valley: Nur eine schmale Staubstraße führt durch das endlose Tal mit den markanten Zeugenbergen, das durch die dort gedrehten Western von John Ford nicht nur weltberühmt, sondern auch zum Inbegriff der Landschaft des Wilden Westens wurde.

4 Bereits 1908 wurden die Natural Bridges bei Mexican Hat zum National Monument erklärt.

5 Einer der landschaftlichen Höhepunkte der Paria Canyon-Vermilion Cliffs Wilderness ist diese treffend «The Wave» genannte Stelle.

Umgebung stehen unübersehbar einige gewaltige *Pilzsteine*, Produkte der allgegenwärtigen Erosion. Vom benachbarten Rim heruntergepurzelte Felsbrocken wurden aus einem weicheren Untergrund «freigespült».

Monument Valley ㉜. Innerhalb der Navajo Indian Reservation teilweise in Utah, zum überwiegenden Teil aber in Arizona gelegen, gehört das rund 180 Kilometer von Page entfernte Monument Valley zu den Höhepunkten einer Reise durch den Südwesten. In das durch zahlreiche Westernfilme berühmt gewordene «Tal» führt ein für Selbstfahrer freigegebener, staubiger Rundkurs von 28 Kilometer Länge. Andere Wege im Monument Valley erfordern einen Geländewagen und einen indianischen Führer. Wandern und Bergsteigen erlauben die Navajo in ihrem Park nicht.

Das Monument Valley vermittelt zu jeder Tageszeit Eindrücke erhabener Größe, die sich bei Sonnenaufgang und viel mehr noch bei Sonnenuntergang zu monumentaler Feierlichkeit steigern können. Besonders eindrucksvolle Aussichtspunkte sind der Blick

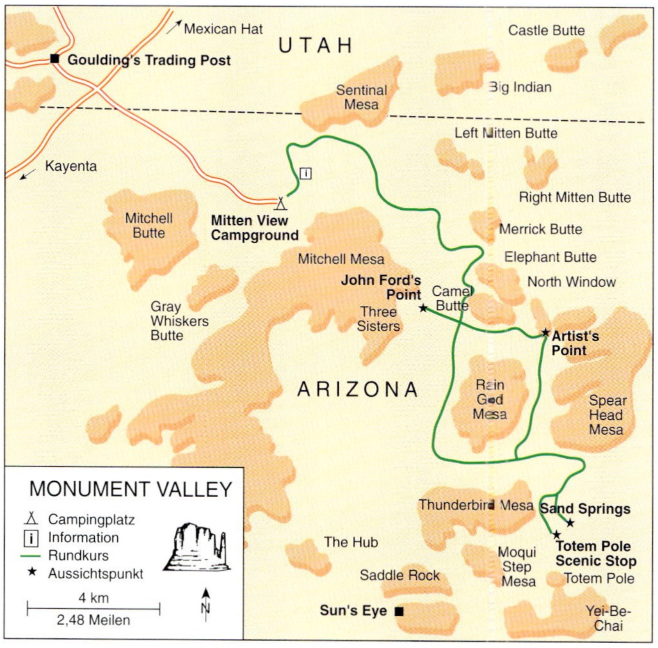

4

auf *Left* und *Right Mitten* und *Merrick Butte* direkt am Parkeingang – hier kann man den Sonnenuntergang in Ruhe erwarten, denn vorher müssen alle Fahrzeuge das Tal verlassen haben –, wie auch *Artist's Point, North Window* und *John Ford's Point*.

Schon bis zum Monument Valley gekommen, lohnt sich ein Abstecher von weiteren 50 Kilometern zum *Goosenecks State Reserve Park* im Süden Utahs. 300 Meter unter einer natürlichen Plattform liegen drei unmittelbar aufeinanderfolgende Schleifen («Gänsehälse») des San Juan River, ein auf der Welt wohl einmaliges Naturwunder.

Natural Bridges National Monument ㉝. Etwas abgelegen nördlich von Mexican Hat befindet sich ein Naturwunder besonderer Art. Nahe beieinander liegen drei erst 1883 entdeckte Brücken aus Sandstein, deren größte eine Spannweite von 81 und eine Höhe von 67 Metern vorweisen kann. In der Umgebung und innerhalb des Monuments gibt es auch zahlreiche präkolumbianische Wohnstätten und Felszeichnungen zu sehen.

Navajo National Monument ㉞. 125 Kilometer südöstlich von Page, linkerhand am Weg zum Monument Valley, bietet sich die Gelegenheit, ein in seiner Art einzigartiges Gebiet zu besuchen. Drei Felsensiedlungen der Anasazi-Indianer aus dem 13. Jahrhundert liegen hier: *Betatakin, Keet Seel* und *Inscription House*. Vom Parkplatz am Monument führen 15 Minuten Fußweg zu einem Aussichtspunkt, der vorzugsweise mit Fernglas und Teleobjektiv einen schönen Blick auf die in einer riesigen Höhle liegenden Betatakin Ruins offenbart. Diese und die Keet Seel Ruins von nah zu sehen, erfordert anstrengende Wanderungen oder Ritte. Der Besuch des Inscription House ist wegen seiner Baufälligkeit nicht gestattet.

Für Auskünfte und Anmeldungen (auch für Wanderungen nötig) wendet man sich an: Navajo National Monument, HC-71 Box 3, Tonalea, Arizona 86044.

5

Paria-Plateau ㉟. Das hochgelegene Gebiet westlich von Page bietet großartige und nahezu unbekannte Naturschönheiten. Etwa auf halbem Weg auf dem Highway 89 von Page nach Kanab zweigt nach rechts ein Fahrweg zur *Old Paria Ghost Town* ab, ein alter «Movie Setup», der mit seinen Holzbauten vor der vielfarbigen Kulisse der Chinle-Formation eine wahre Augenweide ist. Vorsicht: Die sonst einwandfreie Straße dorthin verwandelt sich nach Regen in Schmierseife und ist dann weder zu Fuß noch mit Vierradantrieb passierbar.

Im Echo Canyon des Zion National Park. Auf seinem Weg von den Hochplateaus Utahs nach Süden hat sich der Virgin River durch Schluchten gesägt, die so tief und eng sind, daß die Sonne an manchen Stellen nie den Boden erreicht.

Von Page aus gesehen führt einige Kilometer vor dem Weg nach Old Paria, diesmal nach links, ein Schotterweg zum *Paria Canyon Trailhead.* Auch wer die Wanderung durch den Paria Canyon nicht plant (eine anspruchsvolle, nach Gewittern gefährliche mehrtägige Tour bis nach Lee's Ferry), sollte nicht versäumen, bis zum Trailhead zu fahren. Einzigartige rosaweiße Sandsteinstrukturen belohnen den kurzen Weg.
Eine Besonderheit des Paria-Plateaus, die *Paria Canyon – Vermilion Cliffs Wilderness,* steht unter dem Schutz des BLM (Bureau of Land Management). Wie der Name des Gebiets schon ausdrückt, erwartet hier den Besucher echte, weglose Wildnis ohne jeglichen Service, vor allem auch ohne eine Spur von Wasser, von wenigen schlammigen Pools im Buckskin Gulch und Paria Canyon abgesehen. Wer hier wandern will, vielleicht um die wohl schönsten, intensiv gefärbten versteinerten Dünen der Welt zu suchen, muß also gut vorbereitet sein. Und er muß beim BLM in Kanab oder in der Ranger Station beim Paria Canyon Trailhead eine Wandererlaubnis beantragen. Denn die *Coyote Buttes,* dort liegen diese fantastischen Dünen, vertragen nach Ansicht des BLM täglich nicht mehr als acht *Hiker.* Bislang hat keiner, der die schönste Stelle in diesem Wunderland gefunden hat, die sogenannte *Wave,* den Weg dorthin verraten …

Zion National Park ㊱. Rund 200 Kilometer westlich von Page liegt der Zion National Park, der durch den ganzjährig fließenden Virgin River im Vergleich zu anderen National Parks des Colorado-Plateaus in seinem unteren Teil erfrischend grün ist.
Vom Tal des Zion Canyon, dem Herzstück des Parks, bieten sich reizvolle Spaziergänge an, etwa zu den *Emerald Pools.* Auf dem Weg dorthin geht man unter kleineren Wasserfällen hindurch, ohne naß zu werden. *Weeping Rock* heißt ein anderes Ziel – aus diesem »Weinenden Fels« tritt ständig Sickerwasser aus, das auf seinem Weg von der Hochfläche bis hierher mehrere Jahre gebraucht hat. Ein Wanderweg führt vom Nordende des Zion Canyon in die *Narrows,* eine enge, vom Virgin River geschaffene Schlucht. Wer tiefer in die Schlucht eindringen will, muß durch den Fluß waten. Sehenswert sind auf dem Weg zu den Narrows die *Hanging Gardens:* Aus nahezu senkrechten Sandsteinwänden austretendes Sickerwasser ermöglicht an schattigen Stellen das Leben von feuchtigkeitsliebenden Pflanzen und Moosen.
Von ganz anderem Charakter ist der Ostteil des Parks. Hier, in etwa 1500 Metern Höhe, dominieren versteinerte Dünen mit außergewöhnlichen Formen und Strukturen. Die bekannteste und eine der höchsten, die *Checkerboard Mesa,* beeindruckt mit deutlich ausgebildeten Kreuzschichtungen.

Eine Maultierkarawane am Bright Angel Trail. Innerhalb der Kolonne dürfen die Reiter ihre Position nicht wechseln und nur bei einem allgemeinen Stopp anhalten. Da das Marschtempo aber sehr beschaulich ist, bleibt genügend Zeit, um die Landschaft zu genießen und Pflanzen und Felsformationen am Wegesrand in Ruhe zu betrachten.

Eine unwegsame Wildnis von außergewöhnlicher Schönheit: das Grand Staircase-Escalante National Monument.

Vom Bright Angel Point am North Rim fällt der Blick auf gewaltige, wild zerklüftete Tafelberge.

Mit Schwimmweste und Vertrauen zum Bootsführer – im Ruderboot durch den Grand Canyon.

ZUR SCHNELLEN ORIENTIERUNG – STICHWORTVERZEICHNIS

Kursive Seitenzahlen verweisen auf Abbildungen.

Blick auf die gewaltige Staumauer des Glen Canyon Dam bei Page.

Am Glen Canyon Dam.

Auf dem Cliff Spring Trail.

TEXTNACHWEIS

S. 1: Simone de Beauvoir, Amerika – Tag und Nacht. Reisetagebuch 1947, Reinbeck, Rowohlt Verlag 1950, S. 177.
Die Themen-Essays auf den Seiten 23 und 36/37 verfaßte der Journalist und Autor Thomas Jeier. Alle anderen Themen-Essays stammen von Helmut Friedrich.

BILDNACHWEIS

ATLANTIDE, Florenz/Stefano Amantini: S. 1, 8, 9, 23 (3), 68 M. und u., 69 (3), 70 M., 73 o., 74 (2), 75, 79 M. und u., 80, 81 M., 82 M. und u., Schutzumschlag-Rückseite u.r.
Bayerische Staatsbibliothek München: S. 57 r., l. und M.u. (aus: J. W. Powell, Exploration of the Colorado River of the West and its Tributaries, 1875).
Corbis-Bettmann, New York: S. 36, 37 u., 57 M.o.
Denver Public Library, Collection of Western History: S. 37 o.
Helmut Friedrich, Möhrendorf: S. 85, 87 u.
LOOK, München/Florian Werner: S. 8/9, 10/11, 24/25, 44 (2), 45, 74 u., 89, 94, Schutzumschlag-Rückseite u.l.
The Thomas Gilcrease Institute of American History and Art, Tulsa, Oklahoma: S. 36/37.

Alle übrigen Abbildungen stammen von Christian Heeb.
Der Fotograf dankt der Swissair für die Hilfe bei der Erarbeitung des Bildmaterials sowie Holiday Inn Worldwide für die freundliche Unterstützung.

Seite 1: Maultierreiter am Bright Angel Trail.

Die Karten auf den Seiten 66, 67, 69, 70, 83 und 87 zeichnete Astrid Fischer-Leitl, München; die Karte auf Seite 73 stammt von Theiss Heidolph, Eching. Die Kartenpiktogramme zeichnete Almud Kunert, München.

Die meteorologischen Angaben auf Seite 68 lieferte der Deutsche Wetterdienst, Seewetteramt Hamburg.

Wir danken allen Rechteinhabern und Verlagen für die Erlaubnis zu Nachdruck und Abbildung. Trotz intensiver Bemühungen war es nicht möglich, alle Rechteinhaber zu ermitteln. Wir bitten diese, sich an den Verlag zu wenden.

Alle Angaben dieses Bandes wurden von den Autoren sorgfältig recherchiert und vom Verlag auf Stimmigkeit und Aktualität geprüft. Allerdings kann keine Haftung für die Richtigkeit der Informationen übernommen werden. Für Hinweise und Anregungen sind wir jederzeit dankbar. Zuschriften bitte an Verlag C. J. Bucher GmbH & Co. KG, Lektorat, Goethestraße 43, 80336 München.

EDITION USA · TRAUMZIEL AMERIKA
GRAND CANYON

Konzeption: Axel Schenck
Lektorat: Claudia Meßmer
Bildgestaltung: Joachim Hellmuth
Bilddokumentation: Ulrich Reißer
Graphische Gestaltung: Michael Voss
Herstellung: Kristina Kaiser, Angelika Kerscher

Technische Produktion: Fotosatz Ressemann, Hochstadt
Repro Ludwig, A-Zell am See; Passavia, Passau

Printed and bound in Germany
ISBN 3 7658 1120 3

Christian Heeb, 1962 in St. Gallen geboren, arbeitet als Reisefotograf für Buchverlage und Magazine weltweit. Er ist Bildautor von über fünfzig Büchern, im Verlag C. J. Bucher u. a. des Länderbandes »USA« und von allen Bänden der Edition USA. Er lebt in Bend, Oregon, USA, und St. Gallen, Schweiz.

Helmut Friedrich, geboren 1933 im Vogtland. Zahlreiche ausgedehnte Reisen in die USA mit Schwerpunkt auf dem Südwesten. Im Verlag C. J. Bucher u. a. Bildautor und Textmitautor des Panoramabildbandes »USA – Der Südwesten« und Textmitautor von »Canyonland« in der Edition USA. Lebt bei Erlangen.

WASHINGTON
MONTANA
NORTH
OREGON
IDAHO
SOUTH
WYOMING
NEVADA
UTAH
COLORADO
CALIFORNIA
GRAND
CANYON
ARIZONA
NEW MEXICO
ALASKA
HAWAII